DIANE PEYLIN

Née en 1978, Diane Peylin est une Ardéchoise nomade qui aime parcourir le monde avec son sac à dos, à vélo ou en voilier. Romancière, elle partage également sa passion des mots lors d'ateliers d'écriture.

Elle a notamment publié une nouvelle, *Chambre 442*, sur la prostitution en Thaïlande (Éditions Jacques André, 2008) et un album, *Noa, de l'autre côté* (Balivernes, 2010). *À l'endroit où elles naissent* (Les Nouveaux Auteurs, 2011) est son premier roman (Coup de cœur de Paulo Coelho), suivi de *Sang tsigane* (Les Nouveaux Auteurs, 2012) – réédité chez Pocket sous le titre *Un jour, il y aura autre chose que le jour* – suivi de *Quand je serai grande, je serai vieille* (Flammarion, 2015), *Même les pêcheurs ont le mal de mer* (Prix Rosine Perrier, Les Escales, 2016) et *La Grande Roue* (Les Escales, 2018).

Retrouvez toute l'actualité de l'auteur sur :
http://dianepeylin.wixsite.com/dianepeylin
et sur Facebook

UN JOUR,
IL Y AURA
AUTRE CHOSE
QUE LE JOUR

DU MÊME AUTEUR
CHEZ POCKET

À L'ENDROIT OÙ ELLES NAISSENT

MÊME LES PÊCHEURS ONT LE MAL DE MER

UN JOUR, IL Y AURA AUTRE CHOSE QUE LE JOUR

DIANE PEYLIN

UN JOUR, IL Y AURA AUTRE CHOSE QUE LE JOUR

éditions Les Nouveaux Auteurs

Cet ouvrage a précédemment paru sous le titre : *Sang tsigane*

MIXTE
Papier issu de sources responsables
FSC® C003309

Pocket, une marque d'Univers Poche, est un éditeur qui s'engage pour la préservation de son environnement et qui utilise du papier fabriqué à partir de bois provenant de forêts gérées de manière responsable.

ISBN : 978-2-266-28372-4
Dépôt légal : janvier 2018

À Adrienne, la mère de mon père.
À mon père, le fils d'Adrienne.
Puissent ces quelques lignes enfin les réunir.

« Un jour
Il y aura autre chose que le jour
Une chose plus franche, que l'on appellera le Jodel
Une encore, translucide comme l'arcanson
Que l'on s'enchâssera dans l'œil d'un geste élégant
Il y aura l'auraille, plus cruel
Le volutin, plus dégagé
Le comble, moins sempiternel
Le baouf, toujours enneigé
Il y aura le chalamondre
L'ivrunini, le baroïque
Et tout un planté d'analognes
Les heures seront différentes
Pas pareilles, sans résultat
Inutile de fixer maintenant
Le détail précis de tout ça
Une certitude subsiste : un jour
Il y aura autre chose que le jour. »

Boris Vian

Il était une famille…

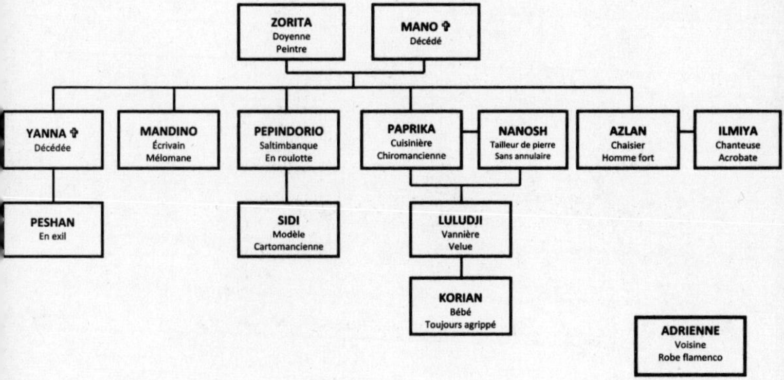

I

Le petit garçon rayé jaune et vert

1

Sur la route grignotée par les poules, l'enfant se laissait chahuter par le vent. Les rafales le balançaient de droite à gauche, de haut en bas, sans se soucier de ses jambes maladroites. Pataugeant dans la boue, le petit homme et ses bottes de géant fixaient leurs empreintes dans le sol mouvant. Il avait six ans mais ses chaussures étaient immenses. Des bottes de sept lieues pour aller de l'autre côté du monde.

De temps en temps, le gamin perdait sa bottine verte, engluée dans la fange. Le pied continuait comme si de rien n'était jusqu'à plonger lui aussi dans la terre. Un sursaut. Une marche arrière. La chaussette, tartinée et noire, retrouvait sa godasse. Et l'enfant, un peu plus abîmé, reprenait sa marche.

Autour, des ombres rabougries. Le rossolis, la grassette, le chiendent, la saxifrage et la roquette exposaient leurs tiges. Malmenées par la tempête, les herbes s'appliquaient à rester dignes afin de saluer celui qui devant elles, aussi minuscule soit-il, bravait les enfers.

Le ciel s'effondrait de plus en plus. Il pesait de toute sa masse sur la terre devenue acier. Une terre quadrillée et dessinée. Une île. Presque. Une langue de gadoue perdue entre deux eaux. Tel un funambule sur son fil de soie, l'enfant tentait d'ignorer le ravage qui le happait de tous côtés. Il y avait au loin, devant lui, un carré de coquelicots, derrière lui, un champ de tournesols, à sa gauche, la mer, à sa droite, la rivière, au-dessus de lui, les ténèbres. Le garçon au pull rayé avait bloqué sa respiration, remonté le menton et défié l'horizon. Il esquissait maintenant un pas de guerre. Sec et régulier. Redoutable. Ses pieds caoutchoutés dispersaient les flaques et dévoilaient des restes de béton rongé par le sel. Le petit homme ne se laisserait pas disséminer dans le néant. Il avancerait. Il avancerait.

Le garçon au bonnet canari s'était enfin remis à respirer. Inhalant le brouillard, les embruns, la bruine et la vase qui s'échappaient des vagues. Son souffle rejetait d'étranges nuages de fumée. Des bulles de coton. Un semblant de paix pour déstabiliser le chaos et trouver un peu de repos.

L'enfant eut l'impression de marcher des heures. Ses mains et ses pieds commençaient à brûler. À se décharner. Ses paupières collées par le vent de sable l'enfermeraient bientôt dans la cécité. Il ne sentait plus le bout de son nez. Gelé. À ses oreilles, un écho incessant amplifiait les plaintes de l'orage. Résonance. Ses genoux grinçaient, ses épaules s'affaissaient, sa carcasse se démantibulait, sa bouche s'asséchait, son cœur avait cessé de battre.

La langue de terre se transforma enfin en grande terre. Devant le garçon maintenant, une bâtisse taillée dans le calcaire. Une immense maison avec des volets battant contre la pierre, des vitres crasseuses et embuées, une énorme porte, une cloche, un auvent, une cour débordant d'outils et d'immondices, un jardin broussailleux dans un coin, une roulotte dans l'autre coin, un portail dégondé avachi contre un muret et une balançoire. Un trapèze. Pendu à un séquoia pourpre et virevoltant dans les airs glacés.

L'enfant avec ses bottes vertes, son polo raturé et son capuchon jaune s'avança vers le mas qui trônait au milieu du désastre. Microscopique et grelottant, il fit de tout petits pas. Pointe contre talon et jambes entortillées. Il avançait à reculons sans se rendre compte que, petit à petit, imperceptiblement, poussé par je ne sais quel mouvement, il se rapprochait dangereusement du porche délabré. Il observa quelques secondes la tresse d'ail qui pendait le long du pilier, quelques gousses manquaient, il remarqua le cheval cramoisi caché derrière le saule qui ne pleurait pas, il renifla l'odeur de tabac qui s'échappait des aérations, il caressa la chatte zébrée qui passait par là et puis il stoppa. Net. Le nez contre le bois humide et boursouflé de la porte.

Le vent redoubla. La cloche sonna. Le vent s'arrêta. Le couloir se remplit de pas. Et la porte s'ouvrit sur le petit garçon rayé jaune et vert.

2

La porte claqua. L'enfant avait juste senti des bras immenses l'extirper à la folie du dehors. L'action avait duré quelques secondes au cours desquelles le garçon avait dû recroqueviller ses orteils pour retenir ses bottes lourdes de toute cette boue. Puis plus rien. Plus personne. Juste des bruits lointains de quelqu'un qui farfouille et qui jure. Le petit homme resta là. Sur le palier. Paralysé. Près d'une chaise aux pieds nickelés. Il voulut s'y appuyer mais celle-ci se déroba, trop paresseuse pour supporter un petit pois. Il changea donc de côté et s'agrippa à un poteau qui traînait là. Il avait besoin d'une canne, d'une béquille, d'un pilier. Un subterfuge pour tenir debout. Pour faire comme si ses jambes n'avaient pas la tremblote, comme si son cœur n'était pas en train de défoncer sa cage thoracique, comme si ses yeux paniqués ne déchiraient pas violemment cils et sourcils. Le poteau finit par lâcher lui aussi et le gamin dégringola, écrabouillant une ombre qui n'était pas la sienne. Il se retourna. Personne. Il chercha à nouveau cette masse sombre. Disparue. Juste ses fesses frigorifiées sur la tommette. L'enfant leva la tête et, dans la pénombre, chercha à se rassurer. Un ou deux repères pour que cette tempête ne l'emporte pas avec lui. Pour ne pas perdre la tête. Des traits de lumière s'échappaient des volets et dessinaient dans le noir des formes plus claires. Le garçon fit taire ses paupières qui n'en finissaient pas de piailler. Il lui fallait voir. Comprendre cet endroit, cette maison, ces odeurs. Ses yeux obéirent enfin et prirent le temps d'ausculter l'espace. Une chaudière, une table en bois infiniment longue, une théière, une toile d'araignée obstruant tout un placard, un tas de marmites dans l'évier, des couteaux de boucher, trois souris empaillées, une scie bizarroïde, une caisse à roulettes pleine de bûches, une tête de cochon fixant les torchons, des cadres vides posés sur le buffet, une… Une porte claqua, l'enfant se redressa. Immédiatement. Toujours seul dans un coin de cette pièce qui semblait être une cuisine, le garçon n'osait plus bouger. Ni regarder. Les sourcils froncés comme pour se protéger, il attendit. Que les bruits au loin deviennent des bruits tout près et que les bras immenses viennent à nouveau le transporter.

L'enfant décolla enfin, laissant ses bottes en caoutchouc à leur bain de boue. Des mains énormes venaient de l'attraper par-dessous les aisselles. Il réprima un cri et entortilla ses chevilles pour ne pas perdre ses chaussettes. Le saut de l'ange dura une seconde. Un bond infiniment petit qui ricochait sans fin dans la poitrine du garçon effrayé. Il aurait voulu parler, poser une question, une seule, mais sa langue s'était embourbée et sa mâchoire ne faisait que claquer. Il attendit que le vol cesse. De nouveau immobile, il ouvrit les yeux. Il était assis sur la table vermoulue. Ses jambes flageolant dans le vide et son derrière moulé dans le bois tendre. Face à lui une silhouette d'ogre, avec des poils et des biceps. Elle lui désigna un tas de vêtements posé à ses côtés puis elle se retourna vers la cuisinière. Une casserole. Une cuillère. Un reste de braise. Une bûche. Du feu. Un couvercle. Un bol. Un bol de soupe. Pendant ce temps, le garçon avait ôté ses vêtements mouillés. Tout nu, debout sur la table, il avait observé quelques secondes les guenilles qui gisaient à ses pieds puis il avait enfilé un à un les nouveaux habits qui l'attendaient. Une tunique bleue, un pantalon de velours havane, des chaussettes grises, des souliers marron, le tout rafistolé. Il y avait aussi une casquette gribouillée. Une sorte de béret en peau de vache avec des points et des taches. Le gamin la vissa sur ses cheveux raides et noirs. Une fois prêt, l'homme revint vers lui et le souleva pour le poser sur un tabouret. Un tabouret haut. Ses jambes ne touchaient toujours pas par terre. L'enfant renifla la soupe et fourra son museau dedans, lapant goulûment son contenu et nettoyant parfaitement son contenant. Un gros morceau de fromage et un quignon de pain prirent la place du bol. Le garçon ne tremblait plus. Son ventre ne hurlait plus. Ses pupilles ne déliraient plus. Il n'avait plus froid. Il n'avait plus faim. Il n'avait plus peur. Il avait sommeil.

Le géant reprit le gamin dans ses bras, le porta comme un sac de patates et le fit basculer sur un fauteuil près du fourneau. L'enfant se recroquevilla, tira un bout de châle posé là et ferma les yeux, épuisé par les milliers de kilomètres qui l'avaient mené jusqu'ici.

— On t'attendait pas si tôt, finit par dire le moustachu qui jeta au feu les frusques du gamin.

3

Un murmure. Puis deux. Trois. Un éternuement. Un raclement de gosier désabusé. Un sifflement. L'enfant grogna plusieurs fois, se tourna et se retourna, puis finit par se réveiller, dérangé par le brouhaha. Il sursauta. Face à lui, dans le désordre, un gros monsieur tout rond avec des cheveux frisés grisonnant et une barbe de Père Noël, une grande dame encore plus grosse aux cheveux rouges et aux pieds nus, un bonhomme tout maigre avec des boucles blanches et des lunettes bleues, une jeune fille velue avec un bébé dans le dos. Le garçon se carapata derrière un gros coussin, cessa de respirer et se concentra pour disparaître.

— On t'attendait pas si tôt, souffla Nanosh visiblement essoufflé par ses kilos en trop.

— Azlan nous a dit que t'étais arrivé trempé jusqu'aux os, marmonna Luludji tout en mettant son marmot au sein.

— Peshan aurait quand même pu prévenir. Elle aurait pu t'accompagner jusqu'ici, râla Paprika qui grattait la corne de ses orteils contre les carreaux fêlés.

— Il est beau l'gosse. T'as vu comme il est pâle. Rien à voir avec sa mère. Peshan est presque noire, commenta Pepindorio en entortillant ses mèches d'ivoire autour de ses longs doigts pointus.

L'enfant, n'ayant pas réussi à disparaître, dut reprendre ses inspirations. Il dégagea discrètement un coin du coussin et observa les énergumènes qui jasaient devant lui. Le nourrisson suspendu à un téton le dévisagea, le garçon sursauta à nouveau et dégringola de son fauteuil. Le quatuor boiteux s'agenouilla et se dépêcha de redresser cet ange venu les réconforter. La main de Luludji vint caresser la tignasse épaisse du gamin qui se mit à dégouliner. Ces doigts sur son crâne, ces ongles fins sillonnant sa chevelure, ça lui faisait tellement de bien. Des frissons dans le dos électrifiant le reste de son corps fragile. Une vague de réconfort qui ranimerait un mort. Un souffle de vie pour cicatriser et faire comme si. Les phalanges poilues de la jeune femme retrouvèrent le cul langé du bébé et le garçon se crispa à nouveau. Un retour d'angoisse. Il aurait voulu leur faire confiance, se laisser aller, leur prendre la main, les embrasser. Il avait tant besoin d'amour. Ils avaient tant besoin d'amour. Mais leurs yeux étaient tellement bancals et leurs ongles tellement sales qu'il n'osa pas. Il se rétracta. Demi-tour. Le fauteuil. Le coussin. Disparition.

Nanosh voulut s'approcher mais son énorme fiancée le stoppa. Paprika avait bien compris la détresse du petit et savait que toute cette bande d'ahuris, ce n'était pas bon pour lui. Elle les mit à la porte puis se dirigea vers sa cuisinière. Là, feignant d'ignorer le gamin, elle commença à cuisiner. Un peu de poudre de ceci, un peu de feuilles de cela, quelques grammes de chocolat, un soupçon de lait, des graines colorées et de la poudre. Encore. Une pincée. Encore. Tapi dans son coin, à l'abri de rien, le garçon, intrigué par cette musique gastronomique, agita ses narines dans l'espoir d'un indice. Une odeur sucrée vint le titiller. Discrètement, il fit tomber le coussin. L'air de rien. Là, il ne bougea plus, hypnotisé par ce qu'il voyait. La grosse dame aux cheveux rouges et à la robe d'or faisait valser les bols avec une habileté rare. Tout virevoltait et tournoyait. Des poussières rouges et orange venaient barioler des montagnes de crème fouettée. Il y avait aussi du cacao. Des pots remplis de cacao. Et puis une grande casserole cuisant tout cela, transformant toutes ces merveilles en fumet odorant. Le gamin était maintenant debout, juste derrière l'alchimiste des fourneaux, la bouche tombante et la salive dégoulinante. Paprika le prit sous le bras et le posa sur une chaise à ses côtés. Elle lui donna une cuillère en bois. Le garçon touilla. Elle prit une louche, deux bols, les remplit et les mit sur la table. L'enfant but d'un trait sa boisson chocolatée puis releva la tête. Il ausculta quelques secondes les nœuds de la table en bois puis se décida à regarder celle qui l'avait amadoué. Elle était pleine de grains de beauté. Une crêpe géante. Paprika lui laissa une minute puis se mit à parler. D'un coup, sans souffler, sans point ni virgule, pour ne pas s'embrouiller :

— Je m'appelle Paprika je suis la femme de Nanosh et la tante de ta mère ma sœur c'était sa mère elle est morte de la tuberculose Peshan nous avait bien dit que tu viendrais un jour mais on t'attendait pas maintenant on te voyait plus grand t'as quel âge sept ans maximum Peshan est partie y a dix ans ça fait presque deux ans qu'on est sans nouvelle à part un mot y a quelque temps pour nous parler de toi et nous dire qu'un jour tu viendrais elle aurait pu t'accompagner laisser un mot nous expliquer trois petites choses nous donner ton nom nous dire quand est-ce qu'elle revenait te chercher enfin t'es là maintenant ça nous fait plaisir j'ai l'impression de te connaître comme un air de famille comment tu t'appelles ?

Le gamin resta bouche bée et il y avait de quoi. Il n'avait pas tout compris, certains mots résonnaient, d'autres l'effrayaient. Il préféra se taire.

— Comment tu t'appelles ?

Il préféra encore se taire.

— Tu veux pas parler j'comprends, mais moi, il faut que je puisse t'appeler pour que tu viennes manger alors j'vais te trouver un nom ; comme t'as une gueule d'ange, je vais te baptiser Englo, oui ça me plaît Englo.

Le gamin répéta Englo dans sa tête. Englo. Englo.

4

« J'ai pas peur. Je comprends pas tout, je sais pas ce que je fais là, mais j'ai pas peur. J'ai mal au ventre. Ça pique. Il faut pas dire que j'ai mal. Il faut pas que je me plaigne. Il faut pas que je l'inquiète. Maman pleure déjà assez comme ça. Je vais rien lui dire du tout. Je crois que c'est elle qui a décidé de me mettre ici. Devant cette porte. Sous cette pluie. Peut-être qu'elle m'aime plus ? Peut-être qu'elle m'a déjà oublié ? Ça fait tellement longtemps qu'on s'est pas vu. Quand j'essaie de me rappeler d'elle, c'est flou et ça fait mal. Elle a des larmes partout maman. Elle est comme la rivière. Elle va finir par se noyer. Ou peut-être que c'est moi qui vais me noyer dedans... Je vais pas lui dire que je l'aime. Faut que je lui laisse le temps, elle est fragile maman. Je lui donnerai pas de baisers, ni de caresses. Je lui écrirai pas mon nom sur un papier pour qu'elle se souvienne. J'aurais pu donner mon papier au pigeon pour qu'il perce le ciel et le donne à maman mais je vais attendre qu'elle revienne. Qu'elle revienne vers moi. Qu'elle me reconnaisse. Il faut pas que je me presse. Que je l'embête avec ça. Avec moi. Elle est

pas prête. Elle est fragile. Je lui manque tellement. Il y a beaucoup de choses bizarres ici. Comme si... Ils sont ma famille. Pourtant je les reconnais pas. Ils me reconnaissent pas. Mais si maman m'a envoyé ici, c'est pour que les choses aillent mieux. C'est pour ça que j'étais devant cette porte. Sous cette pluie. Pour elle. Et pour les autres aussi. »

5

— Englo !

Englo, recroquevillé dans un coin derrière l'escalier, resta quelques minutes immobile. Il avait passé la matinée là, à attendre. Attendre que sa peur trépasse, que cette maison le recueille, que ses mains cessent de trembler, que l'étranger redevienne un être familier. Tapi dans l'ombre, entre un seau de noix et des bouteilles de cidre, Englo avait essayé de comprendre cet univers qui n'était plus le sien. Il avait reniflé les odeurs qui suintaient au travers des pierres, il avait traqué les ronflements, les sifflements, les éternuements, il avait épié les pas usant les tommettes, les voix soufflant leur mauvaise haleine, les portes que l'on ouvre et que l'on ferme, les chats errant, les souris fuyant, le grincement des marches, la poussière virevoltant dans les airs. Englo avait passé des centaines de minutes à tenter d'apprivoiser ce hall, à s'approprier ses murs, à écouter ses murmures. Il avait entendu les autres qui le cherchaient. Qui parlaient de lui. Et de sa mère qui aurait quand même pu prévenir. Terré dans sa cachette, il leur répondait en silence. Dans sa tête. Il leur disait que lui non plus ne comprenait rien. Qu'il s'était retrouvé là, comme ça, après une éternité dans la boue. Que sa mère n'aurait pas pu les prévenir puisqu'elle n'était sûrement pas au courant. Puisqu'elle avait tout oublié. Puisqu'elle l'avait oublié. Parce qu'elle avait trop mal. Qu'il trouvait tout cela étrange mais qu'il allait quand même essayer d'avancer parmi eux sans trop se poser de questions. De toute façon, il n'avait pas le choix.

— Englo !

Englo finit par répondre à l'appel de Paprika. Il se releva douloureusement, secoua ses jambes tout engourdies et sortit de sa cachette. Face à lui, toute petite et toute potelée, une fille aux grands yeux verts déguisée en danseuse de flamenco. Une longue tresse blonde dégringolant sur sa longue robe rouge à pois noirs. Elle dévisagea Englo puis fit demi-tour. Le garçon tout pâle la suivit vers la cuisine. La porte s'ouvrit et ne se referma pas. Englo, pétrifié dans l'embrasure de la porte, ne pouvait plus bouger. Paralysé. Face à lui, attablés et bigarrés, une ribambelle de gens, plus ou moins grands, plus ou moins gros, plus ou moins vieux. Englo sentit son cœur s'emballer et fondre. Il était ému. Il ne savait pas trop ce qui lui arrivait mais semblait heureux de retrouver ces silhouettes qu'il ne connaissait pas. Cette famille ancrée autour d'une table en bois massif avec des veines et des nœuds. Avec un pied bancal et sa cale pour la remettre dans le droit chemin. Ils étaient donc les oncles, les tantes, les cousines de sa mère. Englo ne se souvenait pas d'eux et semblait pourtant les reconnaître. Peut-être les avait-il déjà vus en photo ? Ou que sa mère lui en avait parlé ?

Accoudés de tous côtés, les têtes penchées et le sourire niais, la tribu au grand complet était là à le regarder. À le mesurer. C'était une famille de Tsiganes sédentaires qui avait encore du mal à rester attachée à une seule terre. Zorita, la doyenne, était à l'origine de cet ancrage en pays sauvage. À la mort de son mari, fatiguée de parcourir les routes et rêvant d'une demeure sans roue ni mule de mauvaise humeur, elle avait décidé de troquer la caravane contre une maison en pierre. Ses grands enfants avaient eu du mal à se convertir mais ne s'étaient pas laissé le choix, il leur fallait veiller sur leur pauvre mère. Et, depuis ce jour-là, la famille avait cessé de vivre en suivant les chemins.

Il y eut quelques chuchotements. Des marmonnements. Des hoquets. Englo ne bougeait toujours pas. Il attendait que l'ange passe. Paprika se leva enfin et brisa la glace. Elle s'avança vers le gamin transi, lui prit la main et lui expliqua qu'elle allait faire les présentations. Qu'elle allait faire cela bien, dans le détail, point par point, pour qu'Englo puisse commencer sa collection d'images. Pour qu'il photographie correctement chacun et chacune. Pour qu'il n'y ait pas de quiproquos. La méthode et la rigueur de Paprika déstabilisèrent quelques secondes le garçon. Il ne s'attendait pas à cela. Pas dans un endroit si bordélique et si sale. Englo plissa ses paupières exagérément, remua ses orteils dans ses souliers, inspira une grande bouffée de tabac froid et ouvrit grand ses oreilles. Le moment était important. Crucial. Tous ces yeux et tous ces fronts, il voulait pouvoir les nommer. Il voulait se rappeler d'eux. Pour se sentir moins seul.

Pour faire un peu partie d'eux. Encore un peu. Paprika tira l'enfant vers elle et commença à peindre la galerie de portraits. De façon très mécanique. Pragmatique. Savante. Sans se soucier de l'âge de son interlocuteur. Sans se rendre compte qu'il ne comprendrait qu'un mot sur deux. À la manière d'une liste.

Zorita, la doyenne. La mère d'Azlan, de Mandino, de Pepindorio, de Paprika et de feue Yanna. Veuve de Mano. Toujours fourrée dans son atelier et dans ses pots de peinture.

Englo admira ses longs cheveux blancs entortillés autour d'un pinceau. Il compta les taches multicolores criblant son tablier mité et méprisa ses ongles noirs de crasse.

Azlan. Mari d'Ilmiya. Chaisier. Homme fort exposant sa puissante musculature dans les foires de la région. Dragon à l'occasion. Cultive l'art de la moustache.

Englo serra un peu plus la main de Paprika. Cet homme, qui la veille, l'avait fait voler dans la cuisine, l'impressionnait. Petit et trapu, le visage taillé au couteau, les sourcils sombres et épais, les yeux perçants, la moustache tournicotant, le teint basané, les mains épaisses, il semblait pouvoir tout broyer. Vouloir tout broyer.

Ilmiya. Femme d'Azlan. Acrobate. Partenaire d'Azlan dans les tours de force. Une plume dans les bras de Musclor. Chanteuse mélancolique.

Englo se relâcha. S'apaisa. Cette femme grignette lui rappelait sa maman. En plus maigre. En plus triste. Ses longs cheveux bruns et épais brillaient à la lumière des bougies. Elle avait de longs doigts fins qui venaient souvent frotter ses paupières. Pour soulager un picotement ou ôter une larme. Englo n'arrivait pas à marier cette miette et ce costaud. Il aurait déjà dû la casser depuis le temps.

Pepindorio. Frère jumeau de Mandino. Père de Sidi. Ferrailleur. Sculpteur. Mime. Funambule. Magicien. Charmeur de scie musicale. Vit dans la roulotte du jardin. Adepte de l'uchronie[1].

Englo esquissa un sourire. Ce vieux monsieur dégingandé avec ses frisettes blanches et ses lunettes bleues avait tout l'air d'une marionnette désarticulée. Fin comme une allumette, il semblait pouvoir passer entre les fissures de son tabouret. Trop grand pour sa petite salopette, le bonhomme exposait ses mollets imberbes aux cafards et, discrètement, testait de nouvelles grimaces. Il avait une bonne tête de clown. Sans maquillage ni artifice. Une cigarette roulée à la commissure des lèvres.

Mandino. Frère jumeau de Pepindorio. Pièce rapportée. Écrivain. Pianiste classique. Mélomane. Maniaque. Astronome. Signe particulier : yeux vairons.

Englo regarda l'un puis l'autre. L'un. Puis l'autre. Il n'y avait rien à faire, il ne voyait pas. Aucune ressemblance entre lui et son double. Même pas une ride commune. Mandino était beaucoup plus petit et rebondi. Il avait des bourrelets un peu partout : sur les joues, le menton, les seins, les hanches, les cuisses.

1. Reconstruction fictive de l'Histoire, relatant les faits tels qu'ils auraient pu se produire. Refaire l'Histoire avec des « si ».

Il saucissonnait de toutes parts. Ses cheveux gominés luisaient, peu nombreux et rangés sur un côté de son crâne dégarni. Il ne portait pas de lunettes mais avait un œil marron et un œil vert. Sa tenue aussi dénotait avec le reste de la tribu : un costume sombre parfaitement taillé et repassé. Un dandy chez les gitans.

Nanosh. Mari de Paprika. Père de Luludji et grand-père de Korian. Tailleur de pierre. Guérisseur. Joueur de guitare. Signe particulier : lui manque deux doigts, les deux annulaires.

Englo fut d'abord hypnotisé par sa tunique carmin tendue sur sa bedaine. Les boutons restaient miraculeusement accrochés au tissu distendu. Puis il remonta vers la barbe qui recouvrait le visage boulot de Nanosh. Une touffe majestueuse, drue et impénétrable. Il fixa ensuite ses deux billes rondes et sombres qui le regardaient en brillant puis admira ses belles boucles ténébreuses qui dégringolaient sur ses larges épaules. Un Père Noël d'ébène.

Luludji. Fille de Paprika et Nanosh. Mère de Korian qu'elle a toujours sur son dos. Vannière. Danseuse. Adepte de l'orthodromie[1].

Englo eut du mal à la regarder en face. Elle était moche et velue. Ses sourcils rejoignaient ses cils qui rejoignaient ses pattes sur les tempes qui rejoignaient sa moustache qui rejoignait le duvet de son menton. Il y avait même quelques poils qui s'échappaient du décolleté de son chemisier. Englo finit par fixer son nez qui semblait être le seul épargné.

1. Ligne de plus courte distance entre deux points de la surface de la Terre.

Sidi. Fille de Pepindorio. Cartomancienne. Danseuse. Modèle pour Zorita.

Englo en resta bouche bée. Le jour et la nuit avec Luludji. Elle était belle. Sa peau mate et douce débordait voluptueusement de sa robe cerise. Englo ne savait pas où poser son regard. Tout l'attirait chez cette poupée à la crinière de feu. Il aurait voulu courir vers elle, enfouir sa tête entre ses deux seins gonflés, renifler son parfum et même téter sa poitrine suffocante. Pour se réconforter. Pour la réconforter. Pour faire comme si elle était sa maman. Un instant.

— Eh toi ! Qu'est-ce que tu fais encore là ? compulsa Paprika.

Englo sursauta. Mais ce n'était pas à lui que la question s'adressait. C'était à la fille flamenco.

— Allez Adrienne, rentre chez toi ! Ta mère doit s'inquiéter.

Adrienne s'exécuta et Paprika termina les présentations.

Adrienne. La voisine. Fillette aux boucles blondes qui vient de temps en temps et qui repart. Onze ans mais en paraît huit. D'une précocité rare. Muette depuis trois ans à la suite d'une angine vénéneuse.

— Et toi ? finit par murmurer Englo.

Paprika. Épouse de Nanosh, mère de Luludji et grand-mère de Korian. Chiromancienne. Herboriste. Cuisinière. Accordéoniste.

Englo contempla cette grande dame pétulante à la chevelure rouge et à la robe pailletée. À ses poignets, des dizaines de bracelets orangés. À ses chevilles, des chaînes à clochettes. À ses yeux, du khôl. Comme un tatouage. En fait, Paprika et Nanosh n'étaient pas mariés, mais Paprika disait toujours qu'il était son mari et qu'elle était son épouse. Car, derrière ses allures de sorcière à la coiffe grenadine, elle était une princesse qui rêvait d'une traîne.

Englo recula d'un pas et observa cette tribu étrange recroquevillée autour de la table branlante. Il n'avait pas tout compris. Pas tout retenu non plus. Juste ceci chez l'un, cela chez l'autre. Il avait laissé Paprika faire son exposé, même si tout cela était bien trop compliqué pour sa petite tête. Même si tous ces gens à la fois, c'était beaucoup trop pour un gamin comme lui. Il arrivait de nulle part et, d'un coup, il devait faire face à ce groupe. Cette tribu. Ce troupeau. Avec ses couleurs et ses taches. Avec les particularités de chacun et les prénoms qui s'accordent à la couleur des boutons. C'était difficile. Juste impossible.

Sans s'en rendre compte, Englo fit un nouveau pas en arrière. Ils semblaient tous tellement loin. Et étaient pourtant si près. Il aurait voulu reculer encore et en même temps avancer un peu plus. Les toucher. S'enfuir et rester. Les détester et les aimer. Les rejeter et les embrasser. Mourir et vivre. Entre-deux. Somnambule.

— Voilà !

Paprika leva la séance et chacun retourna à ses occupations. En quelques secondes, Englo se retrouva seul. Sur ces tommettes. Dans cette cuisine. Au milieu de ses conserves, de ses oignons pourris, de sa vaisselle, de ses cadres de photos vides, de ses légumes biscornus, de son crépi ridé et jauni. Seul. Une nouvelle fois abandonné. Oublié. Comme un vulgaire paquet. Englo retrouva le fauteuil et son coussin. Il grimpa, se recroquevilla et s'endormit. Les entrailles gelées mais le cœur légèrement réchauffé. Tiède. Comme la tarte aux pommes que lui préparait sa maman. Avant.

6

La nuit était là. Froide et ténébreuse. Ni étoile ni lune. Juste le noir pour se perdre et trembler. Englo se réveilla en nage. Trempé d'une sueur glacée. Il n'était plus dans le fauteuil de la cuisine. Il n'était plus dans la cuisine. Il reposait sur un matelas posé à même le sol dans une pièce étroite. Il ne voyait pas grand-chose. Quelques ombres. Une caisse ou une table. Une armoire. Sur une chaise, près de son lit, Englo crut voir un ours brun qui le regardait dormir. Il ferma les yeux intensément puis les rouvrit puis les referma car l'ours était toujours là. Calme et tranquille. Englo se recroquevilla un peu plus pour se protéger, pour ne pas le laisser le croquer. Le plantigrade commença alors à fredonner. Une chanson douce que lui chantait sa maman. Une berceuse. Avec des *lalala* et des *mmmm*. Englo garda les paupières closes et écouta cette voix qui l'apaisait. Ces grognements harmonieux qui vibraient paisiblement et réchauffaient l'air de leurs notes fourrées et moelleuses. Englo se détendit petit à petit et, lorsque l'ours ronronna le dernier refrain, il posa sa main minuscule sur sa patte majuscule et s'endormit.

Englo ne pouvait plus respirer. Une main plaquée contre sa bouche et contre son nez l'empêchait de reprendre son souffle. Paniqué, il se mit à se débattre et la main, pas si forte que ça, relâcha son emprise. Englo se dégagea et sauta de l'autre côté du lit. En face de lui, impassible, la petite fille de porcelaine et sa robe espagnole. Adrienne le jaugea quelques secondes puis demanda :

— T'es pas mort ?

— Mais. Mais. Mais non, je… je dormais ! bégaya Englo affolé.

— Ah ?

La fillette ouvrit grands les volets et invita le jour à entrer.

— Bonjour. Ton bol est servi.

Englo ne bougea pas. Effrayé par cette fillette muette qui venait de retrouver sa voix. Il la laissa sortir et referma la porte. Il inspecta un instant la pièce – ni ours, ni poupée criminelle – puis s'avança vers la fenêtre. Le soleil, filtré par les ramures du saule qui ne pleurait pas, rayait la cour de multiples lignes ambrées. L'arbre avait poussé entre deux des murets qui délimitaient l'espace. Des petits murs attaqués par les racines et par le lierre, qui s'effondraient chaque jour un peu plus. Au centre de cette cour, un séquoia pourpre et, suspendu à ses branches, un trapèze et, suspendu à ce trapèze, Pepindorio. La tête en bas, ses boucles blanches s'étirant vers le sol, ses lunettes par terre, ses bras en croix embrassant son torse, ses jambes repliées sur le barreau de bois, le sexagénaire semblait en paix. Il souriait.

À sa droite, un puits et un jardin. Un potager sauvage débordant de formes et de couleurs. Luludji était accroupie et grattait la terre pour la débarrasser de ses mauvaises herbes. Elle les collectait dans un grand panier en osier pour ensuite les faire sécher sur de l'ardoise et les donner à Paprika pour ses mixtures. Korian était posé sur une courge spaghetti à côté d'elle et il écrabouillait des tomates avec ses doigts boudinés. Il n'avait pas de cheveux et cela intriguait Englo. Un bébé chauve, c'était laid et inquiétant. Comme un vieillard édenté ou une poule déplumée.

Englo détourna vite le regard et s'intéressa à l'autre côté de la cour. Une caravane était posée par terre sans essieu ni roue. Celle de Pepindorio, se rappela Englo. Une verdine immobile condamnée à rester sur place mais donnant l'illusion d'une hypothétique évasion. Elle était tachée de bleu, de vert, d'orange et de rose. Comme si des seaux de peinture avaient été balancés çà et là pour la vandaliser ou pour camoufler des initiales, des lettres, des mots que l'on voulait taire. La roulotte seyait parfaitement à Pepindorio. Solitaire, ridicule avec beaucoup d'allure, elle avait un peu de lui et lui un peu d'elle.

Englo finit par la laisser à sa poussière pour s'intéresser à quelque chose de bien plus mystérieux. Des rails. Traversant la cour dans sa diagonale. Le chemin de fer, partiellement recouvert par la terre, semblait hors service. Il n'avait pas dû voir de locomotive depuis des siècles. Des boulons gisaient à ses côtés, d'autres manquaient, quelques traverses en bois vermoulu subsistaient et les barres de fer censées tracer la route n'étaient plus que de vulgaires tiges rouillées. Englo se demanda ce qu'un train pouvait bien faire ici, sur cette langue de terre, avec d'un côté la mer et de l'autre la rivière.

— Englo !

Paprika cria son nom comme pour ne pas l'oublier. Englo voulait rester planté là et continuer sa contemplation. Il venait tout juste d'apercevoir un éléphant. Sa trompe plus exactement, qui s'agitait derrière le tronc du séquoia. Le pachyderme devait s'être caché, trop timide pour se présenter.

— Englo !

Englo ne répondit toujours pas mais se leva finalement. Par obligation. Parce qu'il n'était pas de cette maison. Parce qu'il devait obéir pour ne pas qu'on l'abandonne. Et puis Englo avait envie d'aller vers Paprika, de retrouver son corps énorme et ses cheveux de feu, de sentir son parfum de cannelle, de découvrir ce qu'elle avait dans ses gamelles. Il traîna des pieds jusque dans le couloir, jusque dans le hall, jusque dans la cuisine. Paprika remua quelques casseroles, lava quelques verres puis finit par poser une assiette sur la table. Englo s'avança timidement, prit un tabouret et s'installa face à son écuelle. Azlan était assis en face, à l'autre bout, prostré et silencieux. Sa moustache paraissait plus épaisse que la veille. Ses sourcils plus sombres. Il était encore plus terrifiant que ce soir de pluie où il l'avait extirpé de la tempête. L'homme fort mettait de l'ordre dans les flamants roses. Une pièce par-ci, une autre par-là, le puzzle retrouvait corps. Englo ne comprenait pas trop ce qu'un homme aussi fort faisait avec un jeu aussi simple. Il y avait tout au plus cinquante pièces. Englo lui-même aurait pu assembler les fragments et redonner vie aux flamants. Il ne lui aurait fallu que quelques minutes. Azlan avait pourtant l'air perplexe et ne parvenait pas à remettre à leur place les dernières pièces. Au bout d'un moment, comme submergé par la difficulté, il repoussa sa chaise violemment, se leva et sortit. Englo se retourna pour interroger Paprika mais elle n'était plus là. Englo termina son pain perdu et attendit quelques minutes. Personne ne revint. Englo se leva, fit le tour de la table et se mit à la place d'Azlan. Il prit les morceaux et les posa à leur place. Un par un. Sans réfléchir. Instinctivement. Il ne manquait plus qu'une pièce. Englo l'aperçut sur les tommettes, se baissa et la ramassa. Lorsqu'il se redressa, Azlan était de nouveau dans la cuisine. Rouge. De colère ou de honte ? Ses veines dilatées déformaient son cou et ses yeux cherchaient à sortir de leurs orbites. Sa mâchoire serrée faisait vibrer ses tempes. Il avait la rage et Englo allait être sa victime. Le gamin tendit le bec d'oiseau manquant à Azlan mais ce dernier l'envoya valser dans les airs d'un coup de revers. Le bras d'Englo prit un coup de poing au passage. L'enfant hurla de douleur et Azlan revint à la charge. Une gifle. Avec sa main d'homme puissant. Avec ses phalanges épaisses et sa corne dure. La nuque d'Englo craqua. Fouetté par terre, l'enfant ne criait plus, paralysé à la vue des souliers du géant. Il ne bougeait plus, ne respirait plus, de peur de prendre un coup de pied dans les côtes ou dans les dents. Azlan le laissa sur le sol et rangea minutieusement son puzzle. Sa boîte sous le bras, il quitta la pièce, laissant gésir l'enfant avec indifférence.

Ébranlé par la rumeur de ses tourments, l'homme sculpté n'avait qu'une chose en tête : que sa folie cesse. Que son crâne arrête de lui marteler ses horreurs et que les flamants s'envolent enfin vers le crépuscule rose. Azlan avait mal. La douleur commençait à la racine de sa chevelure pour se répandre le long de ses nerfs, de ses artères, de son squelette, de sa chair, broyant chaque organe et se propageant jusqu'à la plante de ses pieds. Le mal était en lui. Partout. Fou. Azlan ne maîtrisait rien. Il avait des bips qui saccageaient son cerveau et le rendaient de moins en moins lucide. Tout était maintenant compliqué, même un puzzle avec des flamants. Ses cauchemars éveillés le remplissaient d'absence et le menaient vers la démence. Azlan ne savait plus quand tout cela avait commencé, ni pourquoi. Tout avait été très progressif, le fiel l'avait attaqué en douceur par dose homéopathique. Paprika avait tout de suite pris les choses en main avec quelques remèdes et amulettes. Mais la magie n'avait servi à rien. Le démon s'était installé, laissant à Azlan de moins en moins de répit. La journée, il parvenait à un certain équilibre, il faisait face aux crises passagères et luttait pour qu'elles n'envahissent pas tout l'espace. La nuit, par contre, il s'enfermait. Il s'allongeait dans l'arrière-cuisine sur les sacs de riz et demandait à sa femme Ilmiya de cadenasser la porte par peur de se transformer en loup-garou.

Englo resta allongé, incapable de bouger. Il avait froid et claquait des dents. Et en même temps, il avait chaud. Une chaleur humide et fétide. Celle de l'urine qui dégoulinait dans le pli de l'aine et auréolait le coton de son slip et le velours de son pantalon. Baignant dans sa flaque tiède, Englo attendait d'être sauvé. Par sa mère qui le reconnaissait enfin et venait le chercher. Par son père qui se repentait. Par quelqu'un qui puisse lui pardonner.

Après un long moment proche de l'éternité, Pepindorio entra dans la pièce et le sauva enfin. Il le ramassa, le porta, l'allongea sur la table, fit chauffer de l'eau dans la marmite, le déshabilla, le frictionna avec une éponge bouillante et de la menthe, le sécha vigoureusement et l'emmitoufla dans un boutis épais. Pepindorio ne parla pas et ne posa aucune question. Il se contenta d'agir. Puis de distraire. Englo retrouva son fauteuil près du fourneau et Pepindorio se prépara. Il ôta sa tunique et dévoila son torse sec et encore musclé malgré toutes ses années, quitta ses souliers qu'il plaça au pied de l'horloge, replia ses lunettes bleues qu'il confia à Englo, ouvrit un grand sac de farine, étala la poudre blanche sur son corps et son visage, prit une miette de charbon pour souligner ses yeux de suie, ébouriffa sa tignasse blanche et grimpa sur une chaise. Il lévita un instant au-dessus de l'assise puis s'agrippa à un des barreaux pour effectuer des figures élastiques. Avec son corps, il fit des L, des V, des S. À l'équerre, à l'envers, il se tortillait et se transformait. Son visage aussi dansait. Ses pupilles roulaient le long des cils et entraînaient les sourcils dans des grimaces sublimes. La bouche et la langue suivaient le mouvement, cherchant toujours à faire mieux, à faire plus grand. Le mime et sa chaise prenaient maintenant toute la place et Englo ne pouvait plus faire sans eux. La main d'Azlan, les flèches perforant son cou, sa mâchoire grinçante, ses mains tremblantes, tout cela avait disparu, laissant au spectacle le soin de tout envelopper. De tout panser. Le clown descendit de son estrade et piocha une bogue de châtaigne dans la caisse sous l'évier. Puis deux, trois, quatre, cinq. Insensible aux piquants, l'artiste fit tournoyer les balles acérées au-dessus de sa tête. Le jongleur ne quittait pas des yeux ses petits hérissons et les faisait virevolter avec grâce. Et puis, d'un coup, comme par enchantement, il n'y eut plus que quatre coques dans les airs. Puis trois. Deux. Une. Zéro. Le prestidigitateur les avait fait disparaître sous le nez du gamin médusé. Pepindorio s'avança vers son unique spectateur et le salua. Englo voulut applaudir mais il ne le put pas. Il se leva, se dégagea de sa couverture et, nu, vint s'agripper au torse moite et pâteux du saltimbanque. Ses bras serrés autour de son cou, ses jambes entortillées à ses hanches, sa tête posée sur son épaule, le gamin l'étreignit de toutes ses forces. Pepindorio ne bougea pas. Asphyxié par cet élan d'amour, il était planté là, les bras ballants. Ils restèrent quelques minutes ainsi à se nourrir de la sève de l'autre, à profiter de cette chaleur, à renifler les odeurs.

Puis un flash les secoua une première fois. Une image d'eux jouant sur le trapèze du séquoia. Pepindorio, cochon pendu sur la balançoire, Englo accroché à ses avant-bras puis remontant ses pieds pour se retrouver lui aussi tête en bas. Un frisson de bonheur les parcourut, hérissant chacun de leur poil et électrisant leurs âmes. Peut-être une vision de ce qu'allait devenir leur vie maintenant ? Sûrement.

Quelle importance… Le moment présent était puissant et leurs cœurs intimement liés en cet instant.

Mais un second flash vint se substituer au premier. Beaucoup plus glacial. La porte s'était ouverte brusquement. Dans l'embrasure illuminée, Ilmiya, cadavérique et les yeux remplis de larmes, fixait l'enfant et le vieillard. La femme d'Azlan les observa quelques instants. Elle vit le sourire béat d'Englo et la paix avec laquelle ses paupières se reposaient. Elle ausculta les pupilles pailletées de Pepindorio, ses fossettes allègres, ses rides joyeuses. Ces deux-là semblaient heureux, Ilmiya pouvait ressentir leur bonheur. Et elle eut peur. Une angoisse viscérale dénuée de toute raison s'empara de son corps et de sa tête. L'accablant d'une fièvre soudaine et terrible. Avec des claquements de dents et des sueurs froides. Comme une crise de manque. De jalousie. Ilmiya les enviait. Elle haïssait leur bonheur et leur sérénité autant qu'elle les désirait. Un grand vide s'empara de son ventre et se propagea sous sa peau blafarde. Chaque cellule, chaque pore, allaient bientôt être infestés par ce néant. Il lui fallait agir avant le vertige. Sans prendre le temps de la réflexion, victime d'un vent de folie, Ilmiya attrapa le tisonnier, s'avança vers eux et frappa le dos de Pepindorio de toutes ses forces.

— Ne fais plus jamais ça, t'entends ! Plus jamais !

Elle le tabassa encore et encore, indifférente à Englo qui était tombé par terre et qui, recroquevillé et affolé, pleurait. Pepindorio, tétanisé, se laissait matraquer. Son passé de victime l'empêchait de riposter. Il était tellement habitué à ce qu'on lui fasse du mal. Le frère d'Azlan sentait la barre de fer lui casser les vertèbres et ne pouvait rien faire. Sa souffrance n'était rien comparée à l'émotion qui le parcourait. Cet enfant avait un don et Pepindorio était prêt à tout pour le protéger.

Sa chair maltraitée finit par s'ouvrir et saigner. Son dos lacéré se colora de sang et Ilmiya stoppa. Elle lâcha son arme, courut jusqu'à l'évier pour vomir, gémit, s'aspergea d'eau et retourna auprès de Pepindorio qui s'était accroupi sur le sol sanguinolent. Ilmiya ouvrit grand ses bras et approcha le martyr de sa poitrine sèche. Elle serra Pepindorio, l'enveloppa de son pardon et psalmodia des paroles impénétrables. Des mots fous et possédés. Comme des cris étouffés. Pepindorio tendit le bras, attrapa celui d'Englo et le tira vers lui. De toutes ses forces.

7

Pepindorio, Ilmiya et Englo ne parlèrent pas de l'incident.

Pepindorio parce qu'il ne voulait pas être jugé, condamné et torturé à tort. Et à mort. Comme l'avaient fait les collabos en le livrant aux boches. Ces misérables qui préféraient traiter avec le diable plutôt qu'avec un homme de son sang. Ces lâches qui avaient piétiné sa liberté et l'avaient ligotée à des barbelés. Les coups de fouet d'Ilmiya ayant ravivé les cicatrices passées, Pepindorio passa deux jours complets enfermé dans sa caravane. À suffoquer. À caresser la carcasse de sa roulotte pour croire encore à l'exil. À sortir puis ranger, sortir puis ranger, sortir puis ranger son carnet anthropométrique d'identité, voulant le jeter pour être délivré mais ne pouvant se résoudre à se croire enfin libre. À rouler son tabac dans des feuilles Job pour transformer en fumée ses bouffées d'angoisse. À avoir peur du noir qui empestait le cachot. À frotter de l'ail sur le bois, le jute, le Formica, le lambris pour éloigner le mauvais sort. À cracher de sa voix grave les chants ancestraux pour rayer les mots. À refaire l'histoire avec des « si » pour essayer de voir comment tout aurait pu se passer si…

Pepindorio, Ilmiya et Englo ne parlèrent pas de l'incident.

Ilmiya parce que cet événement ramenait à elle des souffrances passées qu'elle était incapable de se rappeler. Il avait ravivé en elle quelque chose d'agréable et d'effrayant. Fort et insupportable. Un instant de bonheur qui avait appuyé sur le détonateur de l'horreur. Ilmiya avait honte. Comment avait-elle pu être aussi violente et battre Pepindorio, un être pourtant si doux ?

Et puis aussi parce qu'elle avait peur d'Azlan. Cet incident risquait de l'abîmer un peu plus, d'être la goutte d'eau qui ferait déborder sa folie et la rendrait irréversible. Assassine. Azlan et elle n'étaient plus les mêmes qu'avant. Autrefois, Azlan la brute épaisse savait vivre avec tendresse. Sur les foires, il achetait discrètement – pour ne pas briser l'armure de sa caricature – des barbes à papa à sa douce Ilmiya. Elle dévorait les filaments de sucre pour rendre ses fesses plus roses et sa poitrine plus plantureuse. Elle adorait exposer ses atours charnus au reste du monde. Se pavaner et rendre les hommes muets. Azlan aimait ça, que sa femme soit torride et que les autres mâles l'envient. Mais tout avait changé. Un raz-de-marée. Les muscles d'Azlan s'étaient endurcis, laissant son cœur se racornir et son âme noircir. Ilmiya l'avait regardé sombrer en ignorant son corps qui se desséchait. Ses seins avaient fané. Sa bouche s'était fermée. Muselée. Par la haine et le dégoût. Ilmiya ne se rappelait plus comment ils en étaient arrivés là. Comme un trou noir et puis le désespoir. Depuis, Ilmiya avait peur chaque fois qu'il la frôlait et ne pouvait plus être sa partenaire pour les portés. Il l'aurait cassée. Fracassée. Et puis, comme Pepindorio, elle sentait que cet enfant avait quelque chose d'étrange. Un pouvoir puissant qu'il fallait préserver.

Pepindorio, Ilmiya et Englo ne parlèrent pas de l'incident.

Englo parce que Ilmiya et Pepindorio lui avaient donné un peu d'amour. Un tout petit shoot. Sa main dans celle de Pepindorio dans les bras d'Ilmiya. Comme une piqûre. Un vaccin qui fait mal pour faire du bien. Pour être immunisé contre le virus pathogène. Englo ne voulait surtout pas être immunisé contre l'amour. Il espérait juste que cette dose lui permettrait de pallier aux crises de manque. De survivre en attendant le réveil de sa mère. Englo prit également conscience que cette adoption temporaire allait être à l'image de ce jour dément qui l'avait jeté devant la porte de ces gens. Dur, froid, humide, sournois, douloureux. Il n'y arriverait pas tout seul. Il lui fallait un allié. Quelqu'un de fort. De fort comme un ours.

8

À son réveil, Englo s'assura que la patte majuscule était toujours sous sa main minuscule. Soulagé, il dégagea l'édredon, se leva d'un bond, s'étira pour essayer de devenir plus grand, enfila sa tunique bleue, son pantalon de velours havane, ses chaussettes grises, ses souliers marron et son béret en peau de vache. Puis il sortit de sa chambre, l'ombre du plantigrade unie à la sienne.

Aujourd'hui, Englo était décidé. À ne pas pleurer, à ne pas trembler, à ne pas se faire battre. Il se ferait discret puisque les autres ne semblaient pas vouloir de lui et que la plupart l'ignoraient. Ils n'étaient pas encore prêts.

Aujourd'hui, Englo ne penserait pas à sa mère. Il ferait comme si cette famille était la sienne. Une nouvelle tribu pour l'aider à avancer, pour lui tenir compagnie et le raccrocher encore un peu à la vie.

Aujourd'hui, Englo irait à leur rencontre parce qu'il ne supportait plus d'être seul. Il les voulait à ses côtés, les sentir et les contempler, se nourrir de leur chair et de leur sang parce qu'il se sentait partir et ne voulait pas. Ne pouvait pas. Sa mère avait besoin qu'il soit fort. Il lui fallait tenir le coup jusqu'à ce qu'elle revienne.

Au pas de sa porte, le garçon marqua une pause. Cette maison était immense. Un labyrinthe avec des couloirs, des recoins, des fleurs séchées, des poignées, des toiles d'araignées, des marches, des placards, des chambres, des poutres, des tableaux délavés, des cagibis, des cheminées, des rampes, des soupentes, des lucarnes, des planchers, des tapis mités, des bassines, des tresses d'ail, des lustres, des animaux empaillés, des rideaux épais, des serrures et des clés. Englo inspira profondément, attendit que son ursidé expire, et fit le premier pas. Puis le second. Et cætera.

Englo s'arrêta devant une porte entrouverte. Il passa la tête et fut saisi par la hauteur de cette pièce et par les dessins peints sur ses plafonds célestes. Des nuages turquoise avec des bébés volants. Des anges au cul nu et aux boucles d'or. Tout autour, des bibliothèques redescendaient sur terre en empruntant les murs légèrement de travers. Elles étaient pleines de livres avachis. Pas une étagère n'était dispensée de soutenir les lettres et les phrases de ces ouvrages sans marque-page. Sur le sol de cette pièce, du chêne en lames brutes. Sur ce chêne, deux tabourets, une chaise, une table et Mandino. Sur un des tabourets, la voisine Adrienne et ses pois. Sur l'autre, personne. Sur la chaise, harnaché, bébé Korian sans le sein de Luludji. Sur la table, un tourne-disque et des disques. Sur Mandino, un costume de velours gris, un stylo en forme de banane, des yeux vairons et de la gomina pour que ses épis filent droit. Les enfants étaient sages comme des images et Mandino cérémonieux comme un homme pieux. Il s'agissait de toute évidence d'une réunion solennelle ne supportant aucun désordre. Chaque chose à sa place et une place pour chaque chose.

Mandino revenait de quelques jours passés sur les routes à vendre ses ouvrages. Des livres qu'il écrivait la nuit. Dans son lit. À la lumière des bougies. Des lignes qu'ici personne n'avait lues parce que personne ne savait lire. Alors que lui savait beaucoup de choses.

Pour Mandino, la vie avait été différente. Prêté à l'âge de quatre ans à une tante qui n'avait pas d'enfant, il avait reçu une éducation bourgeoise avec des cours de clavecin, un télescope dans la chambre et des macarons pour le goûter. La tantine, qui avait fui ses origines et préféré le prénom de Bérangère à celui de Bisha, s'était trouvé un mari professeur et vivait dans une maison à colonnes. Elle avait banni les caravanes, l'osier, les foires où il fallait se montrer, les doigts crottés, les boules de cristal. Bisha était devenue Bérangère et elle l'avait payé de sa fertilité. Sa sœur Zorita, bien qu'offensée par son mépris, avait tout de même consenti à lui confier Mandino à qui cette vie-là pouvait sûrement profiter. À une condition cependant : qu'il continue de s'appeler Mandino et non Maurice ou Marcel. Affaire conclue. À l'âge de quinze ans, Mandino revint, orphelin de cette seconde mère qui lui avait enseigné le latin. Il fut heureux de retrouver ses frères et sœurs, ses racines, sa mère sans son père, sa ruine, sa terre, ses latrines. Il garda cependant quelques vilaines habitudes – le thé plutôt que le café, le vocabulaire sophistiqué, les dents quotidiennement brossées, le poil rasé de près – mais se réintégra très facilement à la troupe.

Depuis, Mandino, chaque matin, saucissonné dans son costard, dans ce boudoir, mettait son tourne-disque en route. Il écoutait Erik Satie debout, seul et inspiré. Une contemplation sonore. À laquelle il avait fini par convier les enfants de bohème, Adrienne et Korian. Pour les imprégner de ces notes qui avaient bercé son enfance, loin des violons désaccordés et des chœurs gitans. Pour partager son sang métis qui donnait à ses battements cardiaques un rythme différent. Pour ne pas oublier qui il était vraiment.

Englo éternua, Mandino le repéra et l'invita à s'asseoir sur la chaise du milieu. La chaise toujours vide qui attendait quelqu'un. Englo s'exécuta, oubliant son ombre dans le couloir. Le chef d'orchestre vérifia une énième fois la bonne posture de ses spectateurs miniatures. Auditeurs à l'écoute, matériel en place, le concert pouvait commencer. Mandino prit le disque du sommet de la pile, le sortit de son emballage, le posa sur la platine, pinça entre ses doigts le plastique du manche, hésita une seconde puis posa finalement le diamant sur le vinyle. Mandino ferma les yeux et Satie perfora l'air de sa *Réprimande*, un des *Véritables préludes flasques pour un chien sévère*. Les enfants sursautèrent et après quelques secondes, Korian se mit à pleurer. Mandino, affolé, se dépêcha de changer de piste et mit un morceau plus approprié : *Embryons desséchés d'holothurie*.

Après vingt minutes de récital, Englo quitta la pièce en chancelant. Cette musique étrange l'avait envoûté. Il se frotta les cheveux vigoureusement, bâilla son hébétude et reprit ses déambulations. Il emprunta un couloir plus étroit que les autres, plus sombre aussi, comme un tunnel dans lequel il se faufila, indifférent aux râles de son plantigrade. À l'autre bout, une véranda. Avec de grandes vitres embuées et crasseuses. Comme couvertes d'algues. Vertes. Le seul mur de la pièce était beige et couvert de moisissure comme un fromage vieilli. Englo crut d'abord qu'il n'y avait personne. Seulement des caisses et des bidons. Entassés. Éventrés. Rafistolés. Et puis des fauteuils et des chaises, en attente d'être ressuscités par les mains expertes d'Azlan qui travaillait plus lentement depuis quelque temps. Englo ausculta quelques cagettes, contourna le tas de sièges et se figea. En face de lui, étendue sur un drap de lin, Sidi dormait. Nue. Ses jambes reposaient cuisses écartées, sans un bout de tissu pour les habiller. Exposant parfaitement son pubis. Noir, touffu, vivant, moelleux, luisant. Englo n'en avait jamais vu. Il resta focalisé sur ce triangle sombre un moment puis remonta vers son nombril, son plexus, sa poitrine, fixa ses tétons, fit le tour de ses seins, s'agrippa à son cou pour rejoindre ses lèvres, admira son visage scandaleux et finit par se perdre dans l'épaisseur de sa chevelure. Il voulut reprendre sa contemplation en redescendant jusqu'aux orteils mais un rot l'arrêta. Un rot, un râle puis un crachat engluant le sol à ses pieds. Englo tourna la tête et vit Zorita, assise sur son tabouret, devant son chevalet, avec son foulard noir sur sa tresse blanche, ses yeux transparents et ses chicots affreux. La grand-mère continuait de peindre comme si de rien n'était, le regard fixant le corps de sa petite-fille. Elle ne remarqua pas Englo flanqué de son plantigrade. Sa langue râpeuse frottait ses lèvres fines et gercées. Signe de concentration extrême ou tic de vieille femme périmée. À côté d'elle, un guéridon débordant de tubes de peinture et de pinceaux. De pinceaux aux poils ras. Taillés. Comme si elle les avait tous coupés aux ciseaux. Une coupe à la brosse. Rêche et courte. Englo les contempla quelques instants puis se décida à repartir. Ses pas légers firent craquer le plancher, l'ours empoté bouscula un tabouret et les femmes restèrent à leur transe artistique, imperméables à cet enfant et à ses bruits de petite souris.

Englo, oppressé par ces femmes qui l'ignoraient, courut dans les couloirs à la recherche d'une issue. Il lui fallait de l'air, de l'herbe, de la terre. Il sortit dans la cour et se retrouva face à Pepindorio pendu à son arbre. Entortillé à son trapèze. Il laissa le saltimbanque à ses acrobaties et rejoignit Luludji dans son potager. Korian était de nouveau sur son dos, il avait quitté Satie pour retrouver son nid. Un mètre à la main, Luludji mesurait la distance entre les pâtissons et les piments. Entre les physalis et le chervis. Entre les topinambours et les radis. Elle métrait puis notait les mesures dans un calepin. Ses doigts terreux agrippaient le crayon et s'appliquaient à dessiner des chiffres. Aucune lettre, Luludji ne savait pas écrire. Juste des nombres gribouillés à l'infini avec des petits dessins à côté pour se rappeler l'origine des un, des six, des vingt-deux. C'était sa manie, une manière solitaire d'occuper les vides de sa vie. Une façon de combler le temps en le remplissant d'espaces. L'espace entre ce mur et cet arbuste. Entre ce bulbe et cette racine. La distance d'un point A à un point B. D'une ville à l'autre. Il fallait qu'elle calcule. Tout le temps. La distance à vol d'oiseau. La fille de Paprika et Nanosh n'était pas folle comme le pensait Englo. Il s'agissait d'orthodromie – il lui fallait toujours trouver la plus courte distance – même si sa pratique à elle relevait plus du rituel que de la recherche scientifique.

Le garçon s'approcha doucement et Luludji lui dit :

— Viens.

La jeune femme semblait hypnotisée par Englo, ce lointain cousin qui avait quelques années de plus que son fils. Englo s'avança, Luludji le prit par la main et le tira jusqu'à elle. Tout près. Si près qu'il put sentir le suc de ses aisselles. Une puanteur acide et moite qui irritait les narines et appelait la nausée. Englo rota, se dégagea mais elle le rattrapa. Le gamin essaya de résister, de ne pas se laisser plaquer contre le torse poilu de Luludji, de ne pas avoir à subir les assauts piquants de ses poils drus mais la force de la femme était telle qu'il finit par céder. Sa joue se retrouva collée à son crin et, à sa grande surprise, le poil fut doux. De la fourrure. Tendre et délicate. Englo se laissa dompter par ces caresses pubescentes. Enfin des bras qui s'intéressaient à lui. Enfin un cœur contre lequel se blottir. La puanteur se transforma finalement en parfum et Englo se laissa envahir par cet étrange câlin. Luludji le serrait de plus en plus fort, se balançait de plus en plus vite, respirait de plus en plus mal. Elle suffoquait. Elle semblait absente. Ses lèvres humides commençaient à dégouliner.

Elle bavait les yeux fermés et Englo sentait sa salive glisser le long de son cou. Il ne bougeait toujours pas, se faire cajoler était si bon. Peu importait finalement cette humidité, cette animalité, cette femme égarée. Il avait une épaule pour le soutenir et seul cela importait. Luludji s'approcha de son oreille et murmura :

— Huit cent trente-quatre mètres…

Elle répéta :

— Huit cent trente-quatre mètres.

Elle cria :

— Huit cent trente-quatre mètres !

Affolé, Englo se dégagea. D'un bond, il s'éloigna. En face de lui, Luludji, recroquevillée, pleurait. Korian, sur son dos, dormait. Englo recula tout en la regardant s'effondrer. Elle avait les mains dans la terre et creusait à la recherche d'un trou dans lequel se terrer. S'enterrer. Huit cent trente-quatre mètres. Quel était donc ce nombre étrange qui effrayait Luludji ? Que signifiait cette distance qui nourrissait sa démence ? Englo ne voulait pas savoir. Il ne voulait rien savoir de leur démence. Il était là pour sa mère et c'était déjà trop. Trop de souffrance, trop d'angoisse, trop de folie. Il lui fallait du calme pour éloigner la tempête. Pour oublier ce qui le hantait.

Englo se retourna finalement et se mit à courir loin de cette furie contre laquelle il s'était blotti. Il bouscula Pepindorio qui ne le vit pas, trop occupé à combattre ses démons la tête en bas, et se réfugia sous le porche délabré. De là, il n'avait plus personne à supporter. Plus d'adulte indifférent à son regard d'enfant. Juste sa carcasse fragile et ses cauchemars éveillés. Englo claqua des dents un moment, laissant à ses mâchoires le soin de tout grignoter. Ses peurs, ses doutes, ses manques, elles devaient tout bouffer. Ne pas en laisser une miette. Englo observa le porche, l'arcade bancale, les miroirs, les tresses d'ail, la porte, le trousseau à dix clés, les poutres vermoulues, la faïence, la cloche, les poules pendues, le baromètre, les deux marches surplombant la cour, la caravane, les rails, les murets autour, au loin le chemin défoncé avec d'un côté la mer et de l'autre la rivière, et au bout, dessinant l'horizon, une ligne jaune vif, un champ de tournesols. Englo baissa les yeux sur ses souliers. Une larme coula sur sa joue. Une larme car il n'arrivait pas à se remémorer ce qu'il y avait au-delà de cette ligne dorée, derrière ces hélianthes, au bout de ce chemin. Il n'arrivait pas à se rappeler sa vie avant ce jour d'orage qui l'avait propulsé sur ce palier. Il n'arrivait pas à se souvenir de sa mère. Il avait quelques flashs, quelques images, quelques parfums mais tout était flou. Comme un tableau tout juste peint qu'on viendrait brouiller d'un geste de la main. Une peinture abstraite. Colorée mais abstraite. Englo frotta ses paupières, renifla sa détresse et releva le regard.

Droit devant, agenouillé au pied d'un muret, Nanosh semblait prier. Mais c'est en fait la pierre qu'il vénérait. Armé d'une massette et d'une chasse, le barbu façonnait le calcaire. Des coups secs et précis donnaient à la matière la forme adéquate. L'angle parfait. Une fois la pierre taillée, il la posait sur un tas de cubes sculptés attendant d'être imbriqués au cœur du mur que l'homme restaurait. De temps en temps, le fiancé de Paprika parlait à voix haute.

Une phrase de cinq mots. Pas un de plus. Et il la répétait à intervalles réguliers, lorsque c'était le moment. Englo voulut comprendre ce que Nanosh baragouinait mais de là où il se trouvait tout n'était que rumeur inaudible. Sa curiosité l'amena à faire un pas. Puis un pas de plus. Et un pas de plus. Jusqu'à lui. Pour enfin entendre ce que sa bouche avait de si important à dire.

— Chaque pierre a sa place.

Pour Englo cette phrase semblait bien anodine. Insignifiante. Mais si Nanosh y prêtait tant d'attention, c'était qu'elle devait être bien plus importante qu'il ne pensait. Englo répéta dans sa tête ces mots, qui pour lui, n'avaient aucun sens. Il les répéta jusqu'à ce qu'enfin ils prennent sens. Englo n'était pas une pierre mais un petit caillou. Il était rond et poli. Écrasé par les blocs de pierre qui habitaient cette maison. Mais, tout comme eux, il avait droit à sa place. Il ne savait pas encore comment, ni combien de temps cela prendrait mais il était bien décidé à leur montrer qu'il existait et qu'ils ne pouvaient pas continuer à l'ignorer ainsi.

C'est l'image d'Ilmiya qui s'imposa la première. Englo était intrigué par cette plume qui pouvait aimer un ogre. La femme d'Azlan était si fragile, fine, discrète… Comment pouvait-elle être l'épouse d'une telle brute ? Mais ce n'était pas ce qui chiffonnait le plus Englo. Ce qui l'ennuyait, c'était cette colère qu'elle avait eue contre Pepindorio. Le clown et elle étaient des gentils, Englo le sentait. Et il ne fallait surtout pas que ces deux-là soient en guerre. Au contraire, il fallait les unir pour qu'il y ait un peu d'amour dans tout ce désordre.

Fort de cette nouvelle assurance, Englo bomba le torse, plaqua ses mains sur ses hanches et fit demi-tour. Il voulait trouvait Ilmiya et lui dire que pour Pepindorio elle se trompait, qu'il ne fallait pas lui en vouloir, que c'était un clown triste et qu'on n'y pouvait rien.

Englo retourna dans la maison. À la cuisine, il y avait Paprika au fourneau avec de la terre plein les cheveux. Du henné. Pour que ses cheveux blancs deviennent rouges. Au bout de la table, Azlan et ses flamants roses. Éparpillés. Dispersés.

Englo traversa la pièce sans un mot. Ni l'un ni l'autre ne le remarquèrent, ils avaient trop à faire. Englo continua sa quête. Il traversa des couloirs, ouvrit des portes et des placards, farfouilla dans la cave, ausculta les fenêtres et les trappes à la recherche d'Ilmiya. Il ne la trouvait pas. Englo emprunta finalement les escaliers qui menaient à l'étage. Il monta les marches timidement. Son plantigrade n'était plus à ses côtés. Le garçon sursautait à chaque grincement. Il n'était pas rassuré de monter là-haut tout seul sans personne pour l'escorter. Il y avait du noir et de la moquette froide. Après quelques minutes intenses, Englo se retrouva au premier, au commencement d'un couloir immense avec des portes de tous côtés. Des portes fermées qu'il allait ouvrir une par une. Mais un bruit l'arrêta. Une mélodie. Comme une berceuse. Ces notes, il les connaissait déjà. Dans cet ordre-là ou peut-être pas. Si. Dans cet ordre-là. Comme ça. Exactement comme ça. Cette musique douce, il la fredonnait. Comme hypnotisé, il oublia l'objet de sa quête et s'avança les yeux fermés. Le son venait de la porte au fond du couloir.

Englo se rapprocha à petits pas. Ignorant le blaireau qui le toisait. Savourant cette caresse sonore qui le ramenait à ses souvenirs. Plus que quelques mètres. Deux. Un. Lorsqu'il fut au pas de la porte, la musique s'arrêta. Net. Plus rien. Pas même un grésillement. Englo rouvrit les yeux et agrippa la poignée. La porte résista. Fermée à clé. Il insista. S'énerva. L'insulta. Mais la porte résista toujours.

— C'est interdit cette porte !

Englo sursauta, se retourna et la regarda. Adrienne. Adrienne continua :

— Je sais pourquoi tu es là.

Adrienne était à l'autre bout du couloir avec sa robe à pois. Adrienne souriait. Adrienne pleurait. Adrienne était toute pâle. Puis la voisine disparut répondant à l'appel d'Ilmiya qui lui criait que sa mère l'attendait. Englo, asphyxié, chercha de l'air mais à cet étage, il n'y en avait plus. Seulement de la poussière. Englo se mit à courir plus vite que son ombre pour rejoindre le rez-de-chaussée, retrouver sa chambre, son édredon et se perdre sous ses plumes. Pour que son ours le console. Pour oublier ces phrases étranges. Pour chasser les yeux d'Adrienne. Ces billes vertes criblées de noir.

La nuit s'effondra sur le jour. Sans une étoile pour percer la pénombre. Sans que personne ne vienne border Englo. Le garçon, trempé de sueur, se tournait dans tous les sens pour trouver le sommeil et s'appliquait à ne pas être découvert. Rien ne devait dépasser de son énorme duvet. Pas un orteil, pas une mèche de cheveux. Il lui fallait tout cacher pour ne pas se faire dévorer par les rats enragés, les hommes forts, les légumes bizarroïdes, les femmes folles, les vagues trop proches.

Au milieu de la nuit, un bruit eut raison de sa cachette. Un bruit étrange qui attisa sa curiosité et l'obligea à se découvrir. Il garda tout de même un coussin contre son ventre. Une armure. Il s'avança vers la fenêtre, poussa les volets et regarda le train passer. Une locomotive à vapeur avec sa fumée et sa tôle rouillée. Avec des lanternes éclairées. Dans la cour. Sur la voie ferrée fantôme. Venant de la mer pour rejoindre la rivière. Englo claqua les volets et retourna se cacher. Il tapa son crâne contre la tête de lit pour tenter de s'assommer mais seul le sang vint à sa rencontre. Un filet colorant sa peau blafarde et les draps blancs. Mais Englo ne s'arrêterait pas. Il continuerait jusqu'à ce que le noir envahisse son cerveau et le lave de toute pensée. Jusqu'à sombrer. Une patte l'arrêta. L'ours était revenu à sa chaise. Englo sortit du lit et se lova dans ses bras. L'ursidé lécha la plaie, le garçon oublia Luludji, Ilmiya, Adrienne, le train et s'endormit. Hibernation.

9

Lorsque Paprika entra dans la chambre, elle trouva Englo, nu, recroquevillé sur une chaise. Elle s'approcha et caressa ses cheveux noirs. Ils étaient si doux. Si soyeux. Englo gardait les yeux fermés, espérant ainsi que ces caresses ne s'arrêtent jamais. Paprika laissa ses doigts se perdre au cœur de ce crâne familier. Elle cherchait des réponses. Elle espérait que ses épis, ses bosses, ses cicatrices lui donneraient quelques indices. Pourquoi ce garçon les perturbait autant ? Pourquoi son amour si grand les effrayait tant ? Il était l'un des leurs. Il était un cousin, un neveu, un arrière-petit-fils. Il était tout cela mais autre chose encore. Et cette autre chose les déstabilisait. Paprika et les siens se méfiaient de ce nouveau fils qui avait été mis sur leur chemin. Tous portaient de la colère en eux. Des litres de lave serpentaient dans leurs artères, leurs os massifs avaient été taillés au couteau et leur peau avait été poncée par le vent de sable. Cette rage était en eux depuis des siècles. Même si là, il ne s'agissait pas d'elle. Il était question d'une autre guerre. Un combat qu'avaient dû mener Paprika et les siens. Une lutte qui avait laissé des séquelles et qui aujourd'hui, les empêchait d'accueillir l'un des leurs.

Paprika prit la main de l'enfant. Elle voulait lire dans ses lignes pour comprendre le pourquoi du comment. Paprika ne lut rien. La petite menotte se referma sur ses mains de chiromancienne et Englo se réveilla. Il se redressa, offrit un sourire à Paprika et la caressa à son tour. Paprika oublia toutes ses interrogations. Envahie d'une foi nouvelle, elle le regarda droit dans les yeux et murmura :

— Je vais te protéger.

Englo et Paprika passèrent la matinée dans la cuisine. La sorcière des fourneaux avait sorti toutes ses fioles. Englo, assis sur la table au milieu des herbes, observait l'alchimiste transformer l'eau en potion. *Le sang des neuf frères*. Un élixir puissant qui le protégerait des démons. Un remède pour lui permettre de survivre au contact de cette maison destructrice. Paprika sélectionna neuf herbes distinctes qu'elle mit à bouillir dans une casserole. Elle y ajouta quelques éclats de verre et cailloux. Finement hachés, comme de la poudre. De la lame et du roc pour être fort et ne pas s'effondrer à chaque coup porté. Elle demanda à Englo de boire *Le sang des neuf frères* d'un coup. Sans respirer. Aucune expiration pour qu'agisse la potion. Englo s'exécuta et attendit que son corps se transforme. Que ses biceps gonflent et que son torse s'étire. Mais rien ne se passa. Il resta le même petit bonhomme, chétif et ridicule. Paprika le rassura et lui expliqua qu'il ne s'agissait pas d'une transformation mais d'une protection. Il serait maintenant moins blessé par les claques qu'il recevrait.

Paprika lui fabriqua également une amulette. Elle plaça dans un bout de tissu des miettes de coquillages, racines, tessons de bouteille, coquilles, herbes et quelques grains de sucre imbibés de lait maternel. Elle referma le petit sachet avec une cordelette de raphia qu'elle noua autour de son cou. Englo posa sa main sur son nouveau collier et sentit son cœur s'emballer. Il huma le nouveau parfum qui l'embaumait et se mit à sourire. Enfin. Ses fossettes se creusèrent, ses joues s'étirèrent et ses yeux brillèrent. Il eut une minute de bonheur et de paix. Un instant de repos pour lui permettre de repartir à zéro. Il avait maintenant une nouvelle force en lui. Il pourrait enfin les affronter tous. Il pourrait supporter leurs travers et peut-être même les sortir de la misère. Plutôt que de fuir, il allait leur tendre la main. Pour voir. Pour essayer de les apprivoiser. Arrêter de se faire déchiqueter. Croire que cette adoption avait finalement quelque chose de bon. Se rappeler sa mère à travers ses pairs.

Englo s'avança vers Paprika et, sans lui donner le choix, l'embrassa. Paprika eut un sursaut. Comme un sanglot d'abord. Une émotion forte qui la dépassait et l'attristait. L'espace d'une seconde, elle se connecta à lui. Elle reconnut son odeur, son souffle chaud, le grain de sa peau. Elle réalisa soudain qu'il faisait vraiment partie de sa famille. Cet enfant n'était pas un étranger. Il était le fils de Peshan, il avait ses tripes, ses cheveux, son fluide. Ce garçon méritait le respect et l'attention. Paprika esquissa un sourire de soulagement. Elle allait pouvoir l'aimer.

La grande dame rousse servit un bol bien chaud à Englo. Du cousina, une purée de châtaignes avec du lait et de la noix de muscade pour que son estomac se remplisse et grossisse. Englo observait Paprika sans rien dire. Ses mains de gringalet réchauffées par la tasse de cousina, il sentait ses veines gelées s'adoucir à nouveau. Ses globules rouges, morts et figés, semblaient retrouver un souffle. Un éclair d'amour pour électrifier les artères. Les mains de Paprika agissaient comme un défibrillateur sur un cœur en déroute qui ne sait plus comment battre. Qui ne sait plus s'il doit battre.

Pam-pam. Pam-pam. Englo sentait des spasmes résonner dans sa cage thoracique.

Pam-pam. Pam-pam. Comme un écho lointain qui retrouvait ses notes. Qui battait enfin la mesure.

Pam-pam. Pam-pam. Paprika bougeait et Englo se ressourçait. Chaque mouvement le remplissait.

Paprika prit une mandarine. Un fruit orange quelconque avec sa peau lisse et ses points éparpillés. Adossée à la fenêtre, elle l'éplucha en regardant Englo qui ne la voyait pas, trop ébloui par le soleil qui illuminait le carré derrière elle. Ce que le gamin vit, ce fut le nuage léger et diffus qui naissait et mourait au fil de l'air et de la lumière. Éclairés par les rayons solaires, les milliers de particules acidulées brillaient intensément et semblaient se répandre au ralenti au-dessus des tommettes, au-dessous des poutres vermoulues. Comme un brouillard phosphorescent entre la nuit et le jour qui arrête le temps sans le laisser mourir. Hypnotisé par cette image sublime, Englo en oublia son bol qui, délaissé, se laissa choir sur la table immense. Le garçon sentit la première goutte de cousina mouiller sa cuisse droite puis plus rien. Tout se figea. Le reste de la purée continuait de dégouliner mais le gamin ne sentait rien. Trop absorbé par ce qu'il avait à faire. Il renifla. Huma. Inspira. Les fragrances de la boule orange. Les petits points de mandarine avaient éclaté, quitté leur peau luisante, volé dans le ciel immense, pour s'infiltrer finalement dans ses narines. Ses narines de petit homme, curieuses et gourmandes. Englo inspira. Expira. Inspira. Ce parfum si réconfortant. Il ferma les yeux et sentit la main de sa mère se poser sur son épaule. Sa maman qui épluchait des mandarines comme d'autres découvrent des trésors. Avec une intensité rare. Englo rouvrit les yeux et sourit. Un souvenir. Il en était sûr. Il s'agissait bien d'un souvenir. Un tout petit mais un souvenir quand même. Une trace de sa mère quelque part dans ce nuage doux-amer. Son cœur eut un sursaut. Pam-pam. Pam-pam.

Le soir, Englo prit de la hauteur. Paprika avait déniché un lit dans le garage et avait demandé à Nanosh de l'installer dans la chambre du garçon. L'homme barbu avait assemblé la structure, boulonné les écrous et hissé le matelas sur les ressorts. Un lit trônait maintenant au milieu de la pièce.

Englo était recroquevillé dessus et tentait de s'endormir. Il se tournait et se retournait à la recherche d'un peu de sommeil. Quelque chose le gênait. L'oppressait.

Assis dans son lit, Englo serra l'amulette contre sa poitrine. Il y avait ajouté un petit bout de mandarine parfumée pour être sûr de ne pas oublier son seul souvenir. Il la serra un peu plus pour se donner du courage et pour se convaincre d'agir. Il avait quelque chose d'important à faire. Une mission qu'il ne pouvait remettre au lendemain. La force, il l'avait ici et maintenant. Englo finit par balancer le drap sur le côté du lit puis bondit sur le sol craquelé. Sans plus réfléchir, il se mit face à lui. Face à l'ours qui veillait sur sa chaise. Englo s'approcha, l'empoigna, le serra, l'embrassa et le congédia.

— Je n'ai plus besoin de toi.

L'ursidé resta bouche bée. Englo se rallongea.

— Enfin, je crois.

Lorsque Englo se réveilla, la peluche majuscule avait quitté son banc minuscule.

10

Adrienne était dans la cuisine. Sa robe flamenco semblait avoir moins de pois que la dernière fois. Englo voulut les compter mais la voisine attrapa un châle pour jouer à cache-cache avec le chat bleu. Elle disparut sous les mailles et Englo partit à sa recherche lui aussi.

Autour de la table toujours bancale, Ilmiya et Paprika faisaient face à sœur Pascale. Elle était venue du village avec sa mobylette. Elle passait de temps en temps pour parler de Jésus et de Marie à ces drôles de catholiques qui préféraient s'agenouiller devant leur sainte Sara plutôt que dans une église. Elle ne les sermonnait pas et se contentait de parler avec eux d'engagement et de foi. Et puis, elle aimait bien venir chez ces gens-là. Ils savaient recevoir et avaient toujours une petite friandise à lui offrir. Ce jour-là, c'étaient des croquants aux amandes. Il faisait froid, le thé chaud déglaçait les boyaux et sœur Pascale n'était pas venue pour parler de Dieu.

— Il faut faire quelque chose, avait-elle conclu. Sinon, cette histoire va mal finir.

Les deux femmes avaient hoché la tête en silence. Azlan, tapi dans un coin de la pièce, était resté immobile malgré la rage qui bousculait ses os.

Les biscuits dévorés, la théière vidée, la religieuse se leva. Discrètement, pour ne pas avoir l'air de mendier, elle demanda à Paprika s'il ne lui restait pas un peu de ses pots de miel qu'elle aimait tant. La cuisinière acquiesça et enveloppa dans un torchon la dernière confiture d'abeille. Satisfaite et rassasiée, sœur Pascale les salua. Elle caressa les tresses de la gamine toujours cachée sous l'étoffe mais snoba Englo debout à côté d'elle. Elle ne le vit pas. Le garçon ne lui en voulut pas. Il avait l'habitude.

Le cyclomoteur toussa puis s'en alla. Sur la selle, la sœur et sa coiffe vibraient. Englo la regarda partir sur le fil de terre entre la mer et la rivière, se demandant comment c'était de l'autre côté. Au loin, les tournesols ne brillaient plus. Ils lui avaient tourné le dos.

Adrienne, libérée de sa toile et lassée du minou d'azur, l'attrapa par la main pour lui montrer des rhinocéros et des cerfs-volants. À l'ombre des pierres, les coléoptères faisaient des boules avec le crottin et, des scarabées dans la merde, ça faisait rire les gamins.

Dans la cuisine, Ilmiya et Paprika, investies d'une mission sacrée, s'agenouillèrent devant celle qu'elles vénéraient. Leur sainte patronne statufiée devant elles, les femmes commencèrent leur prière :

— *Latcho divès Maria, pardo railépen*
Ou dével hi touva
Hal hailigui marchal
Ou tchélé djouvia
Ou jésus tour tikno, nénirémen

Pétré mengué pour hi douk qué caraa
Achkané oun i chtounda fun maro mépéren
Amen

Azlan déplia son corps d'homme fort. Il laissa les pleureuses à leur psalmodie et quitta la pièce sans un bruit. Il passa dans le hall, rectifia l'angle de ses moustaches et sortit. Il savait où il allait. Il savait où le trouver. Celui qui devait réparer la honte. Celui qui devait faire plus que de simples prières pour ne pas que tout dégénère.

Azlan attrapa Pepindorio par le col et le tira vers le sol. Le vieillard lâcha sa balançoire et se laissa traîner par son frère. Le trapèze continua de virevolter tant il était habitué à se balancer. L'aîné suivit le cadet sachant très bien que face à lui, il ne faisait pas le poids. Le squelette attendit que l'armure crache son venin. L'armure cracha. Elle lui parla de la vierge, venue sur sa motocyclette, qui les avait alertés. Une chose terrible se passait et il fallait qu'il s'en occupe. Lui. Pepindorio. Le clown. L'artiste devait battre sa fille. Sidi. Car elle exposait son corps au village, se pavanait comme une chienne humide devant les bâtards de la cité et montrait ses mamelles au monde entier.
— Bats ta fille ! Chasse le mal qui est en elle ou c'est elle que l'on chassera !

Azlan abandonna son frère à sa peine et partit rejoindre la cave. Quelques litres d'alcool pour laver le déshonneur et sombrer dans la torpeur.

Pepindorio laissa les larmes couler. Celles d'un père à l'âme brûlée par les paroles acides. Un cactus venait de s'installer dans sa poitrine et il allait devoir extraire une à une les épines. Il savait qu'il n'avait pas d'autre choix que d'appliquer la sentence dictée par Azlan. Il le savait et cela lui donnait envie de vomir. D'expulser tout ce qu'il était. Parce que Sidi était sa poupée. Parce qu'il allait devoir la frapper pour la laver. Parce qu'il allait devoir faire à sa fille ce que ses bourreaux lui avaient fait. Le bohémien tabassé par les boches allait battre son enfant pour la punir. Pepindorio dégueula sa haine et sa honte puis se releva. Avant d'agir, il lui fallait un peu d'air. Il fallait qu'il laisse à sa folie le soin de le préparer à ce genre d'ignominie. Il courut jusqu'à sa roulotte et ressortit avec un parapluie. Une grande ombrelle noire. C'est avec ça qu'il cognerait sa fille, mais avant il allait s'y préparer. S'envoler. C'était comme cela que fonctionnait le clown. Il ponctuait sa vie de numéros, jouait au saltimbanque et narguait la réalité pour adoucir les contours d'une existence bien trop violente.

Pepindorio se rendit sous le porche d'entrée. Il grimpa la colonne, agrippa le lierre et se hissa sur le toit. Les pieds en équilibre sur les tuiles, le parapluie grand ouvert au-dessus de sa chevelure d'argent, le sexagénaire observa l'horizon puis se jeta dans le vide. Son parachute de fortune soutenu par le souffle de l'air le porta quelques instants puis l'abandonna. Pepindorio s'écrasa par terre et retrouva le lierre. Puis les tuiles. Puis la terre. Puis le lierre. Les tuiles. La terre. Et cætera. Il recommença de nombreuses fois. Le coup du parapluie dura plusieurs minutes et se transforma en heure. Déboussolé par cette ronde absurde, Pepindorio put enfin prendre la direction de la véranda.

Il emprunta les couloirs de plus en plus étroits et, à chaque changement de cap, se répétait que ce qu'il allait faire avait une raison. Une bonne raison. Il se concentrait et tentait de faire taire à chaque pas le père qui refusait de blesser sa fille. Une marche de plus et le redresseur arriva enfin dans l'antre du peintre et de son modèle. Sidi, nue, était étendue devant les vitres verdâtres. Zorita était à sa place avec sa vieille langue râpeuse qui pendait pour plus de concentration. Pepindorio invita sa mère à quitter la pièce. La doyenne, muette mais pas sourde, se leva sans demander d'explication. De toute façon, elle avait fini pour aujourd'hui. Sidi ne bougeait pas. Elle semblait endormie. Pepindorio admira un instant son enfant assoupie, ne voyant ni ses tétons lascifs ni son sexe fendu, puis s'avança.

— Ma fille. Tu as pêché et je dois te punir. Il ne faut plus que tu ailles au village. Il faut que tu t'habilles. Pour te sauver, je te trouverai un mari. Mais en attendant, je vais te battre.

Sidi se recroquevilla. Pepindorio serra le manche du parapluie. Les algues glissèrent le long des fenêtres pour dissimuler cet acte de barbarie. Et la torture commença. Le saltimbanque laissa sa main agir, nia les cris de sa fille, écarta une à une les images d'archives ravivant les blessures des camps, cracha sur les visions nazies qui apparaissaient devant lui. Il tentait, coûte que coûte, de tenir cette arme destructrice et salvatrice. Autour, tout se figea. Seuls les hurlements de Sidi parvenaient à percer cette léthargie inhumaine. Pepindorio frappa. Frappa. Encore. Et encore. Puis s'arrêta. Mouillé de sueur, il se mit à trembler. Sans la toucher, il demanda pardon à sa fille puis se sauva. Sidi ne bougeait toujours pas. Évanouie. Elle s'était coupée du monde pour sauver sa vie.

Le repas du soir se fit sans Sidi et Pepindorio. Personne ne parla de ce qui s'était passé, chacun essayant d'avaler ce qu'il y avait dans sa gamelle. Le repas était bon mais les intestins emmêlés, les estomacs trop ratatinés et les bouches pâteuses ne permirent pas de le savourer. Le sanglier se mangeait par petites bouchées et les chanterelles restaient sur le bord de l'assiette. Zorita pensait à son modèle qu'elle aurait dû protéger sous ses pinceaux, Paprika et Ilmiya continuaient de prier en silence, Azlan cuvait sa gnôle frelatée, Mandino prenait des notes sur son cahier, Nanosh cherchait dans sa barbe un coin où se cacher, Luludji caressait Korian pour se réconforter, Englo observait ces êtres perdus et Adrienne le dévisageait. La fillette flamenco finit par se lever, ouvrit la porte et, avant de partir, lança à Englo :

— Je sais qui tu es !

Personne ne l'entendit. Seulement Englo qui sentit ses racines déraper sur le sol. Toute cette journée, toute cette tension et maintenant, cette révélation sans explication. Tout cela était trop pour un petit homme sans maman. Englo se hissa à son tour et balança sa chaise sur le sol. Détonateur. À son signal, la colère accumulée par chacun, celle qui avait été ligaturée et muselée, explosa enfin. Une vague de démence noya la pièce, son fourneau, ses cadres de photos vides, ses marmites, ses occupants. Tout se retrouva sens dessus dessous. Mais sans un bruit. Sans un coup. Un chaos silencieux pour expulser la tristesse et le dégoût.

Puis la nuit s'empara enfin du jour, entraînant avec elle les âmes perdues vers le sommeil. La lune fut belle. Pleine et vénéneuse.

11

Plusieurs jours furent nécessaires pour que les traces sur le corps de Sidi s'estompent. Son oncle Nanosh avait frictionné ses plaies de longues minutes en murmurant des mots incompréhensibles et Paprika avait pris le relais avec des pommades à base d'orties.

Plusieurs jours encore pour qu'elle ose sortir. Son père, son tendre papa, son funambule préféré l'avait frappée et cette image la hantait. Curieusement, elle ne lui en voulait pas. Il n'y était pour rien. C'était elle et les autres. Son impudeur maladive et leurs yeux de travers. Mais maintenant qu'elle était guérie, son père ne la battrait plus. Vêtue d'une jupe longue, d'un chemisier fermé jusqu'au gosier, d'un foulard habillant sa chevelure, la demoiselle avait tout l'air d'une pucelle. Traumatisée par les coups, la jouvencelle était bien décidée à ne plus écouter ses pulsions. Lui en coûte la perte de la raison.

Dans la cour dorée par le soleil, des tabourets s'étaient alignés. Un pour chaque postérieur. Zorita, Luludji et Ilmiya. Chacune sa poule. Chacune sa bassine d'eau bouillante. En face, Paprika debout, les pieds nus dans la terre sèche et son accordéon contre sa poitrine immense. Englo s'était mis dans un coin entre deux chevaux cramoisis.

La grande dame rousse frappa son talon contre le sol, secouant les clochettes de ses bracelets de cheville et répandant un nuage poussiéreux autour d'elle. Elle plaça ses doigts sur les touches blanches, prit une grande inspiration et réanima le soufflet de son instrument. Une valse pour la volaille. Pour les poules mortes qu'il fallait déplumer avant de les enfourner. Paprika joua la première note et les femmes plongèrent leurs cadavres dans les casseroles ardentes. Quelques secondes dans l'eau chaude pour attendrir les chairs et déshabiller les poulettes. Le garçon, abasourdi, observait cette danse volatile. Il avait devant lui des expertes en la matière. Les gestes étaient vifs, instinctifs, mesurés. Il y avait du rythme. Une cadence. L'accordéon chantait et les plumes s'envolaient. Une par une pour bientôt être des centaines virevoltant dans les airs. Comme des flocons géants. Englo était hypnotisé par cette neige de basse-cour. Paprika ne faisait plus qu'un avec son instrument. Respirant avec lui, elle semblait possédée par ce qu'il disait. Les trois autres femmes continuaient, imperturbables, le strip-tease fatal. Et puis, ce fut la dernière plume. Pour une dernière note. Les cuisinières se levèrent traînant par les pattes leurs victimes et leurs tabourets. La musicienne cessa sa mélodie féerique laissant Englo devant ce spectacle magnifique. Du duvet blanc suspendu entre le ciel d'argent et le sol. En apesanteur. Comme figé entre le haut et le bas. Indécis ou tout simplement immobile. Pas un souffle d'air pour perturber ce vol éphémère. Juste la chaleur de la terre pour soutenir cette ronde extraordinaire.

Avec, derrière ce rideau blanc, un vieillard à l'envers sur son trapèze cherchant peut-être à ne faire qu'un avec la beauté de cet instant. Englo resta planté là et accompagna chacune des plumes dans sa chute. Doucement. Paisiblement. Jusqu'à ce qu'elles s'évanouissent sur la terre et la couvrent d'un tapis de lumière. Englo quitta ses souliers et marcha pieds nus sur ce lit d'ivoire. Il sentait la douceur du duvet lui caresser les orteils et parfois la rudesse des barbes lui picoter les talons. Il avança ainsi vers le portail dégondé et, même si le sol avait retrouvé ses épines et ses cailloux, décida d'aller plus loin.

Englo retrouva le chemin qui l'avait conduit jusqu'ici. Il était si différent. Plus de boue. Plus de vent. La tempête s'était tue. Englo observa la vie autour. Il s'imprégna de tous les contours. Derrière lui la maison, à sa droite la mer, à sa gauche la rivière, et loin devant les hélianthes. Il vit aussi des choses qu'il n'avait pas vues avant. Les peupliers géants, les roseaux, les ronces, les scorpions, les murets en pierre sèche, la saponaire, les têtards, les galets.

Doucement, parce qu'il était timide et aussi parce que ses pieds lui faisaient mal, il continua son chemin. Il ne savait pas trop ce qui le poussait là. Voulait-il savoir où menait cette route ? Comprendre comment il était arrivé à cet endroit ? Ou simplement observer cette garrigue étrange ?

Englo mit un poulpe sur sa tête pour faire taire ses mauvaises pensées. Il voulait débrancher la machine à questions et retrouver l'insouciance des petits garçons.

Au loin, il aperçut une silhouette recourbée, côté rivière. Peut-être avait-elle déjà vu Englo passer ? Qu'elle savait d'où il venait ? Enthousiasmé par cette perspective, le gamin accéléra le pas. Arrivé à sa hauteur, il se ravisa. C'était un épouvantail. Une statue chiffonnée vêtue de frusques rapiécées. Englo s'approcha un peu plus pour voir s'il se rappelait de cette poupée puis recula d'un bond. La statue, qui n'en était pas une, se mit à bouger. Elle ne prêta aucune attention au garçon derrière elle, trop concentrée par ce qu'elle faisait. Elle pêchait. Un pêcheur immobile. Voilà à qui il avait affaire. Englo voulut lui parler mais ce n'était pas si simple. Cet homme sclérosé n'avait pas de fil à sa canne à pêche et portait un foulard sur ses yeux. Englo n'en pouvait plus de la bizarrerie des grandes personnes, il trouva tout de même la force de le saluer.

— Bonjour.

Mais seul le silence lui répondit. L'homme l'ignorait. L'homme ne le voyait pas. L'homme ne l'entendait pas.

Résigné, Englo reprit sa marche et choisit de passer côté mer. Les vagues parviendraient peut-être à bercer sa peine. Englo balança le poulpe qui ne parvenait pas à éloigner les démons et se remplit de tristesse. Il avait mal, il avait peur, il avait faim. Il voulait retrouver sa mère. Cette maman floutée qu'il ne parvenait pas à se rappeler. Il aimait bien ces gens nouveaux mais ce n'était pas pareil. Ils avaient quelque chose en moins. Ou en trop. C'était sa famille – sa mère ne l'aurait pas envoyé là sinon – il le sentait, mais sa famille était comme déglinguée. Comme une carriole avec quelques boulons manquants qui roule, vacille et se récupère. Jusqu'à ce qu'elle s'écroule.

La mer eut raison de ses divagations. L'écume avait gagné la plage et Englo avait de la mousse jusqu'aux genoux. Une crème laiteuse et onctueuse, assez douce pour calmer les angoisses. Avec, en plus, le parfum iodé des embruns qui réveille et qui claque. Happé par cette danse salée, Englo délaissa sa nostalgie et savoura l'instant. Il laissa la puissance de la dame blanche s'emparer de son corps. Tout n'était qu'une question de minutes. Bientôt, il disparaîtrait dans ses bras. Mais un vertige le captura. Une peur effroyable. Qui fige et qui glace. Jusqu'à l'étouffement. Englo se mit à trembler, ses yeux à vriller, son cœur perdit la mesure et cessa de battre. Il lui fallait de l'air. Vite. Il se noyait. Il se perdait. Les pieds dans l'eau. Juste les pieds dans l'eau. Mais il allait disparaître. Sous les vagues. Sous le sable. Sous la terre. De l'air. De l'aide. Englo s'agrippa à une branche. Et cette main dans la sienne le sauva. Toujours à la même place, les chevilles dans la mousse et le reste du corps au sec, le garçon se remit à respirer. Bouleversé par cet appel du vide, Englo se dépêcha de quitter la plage. Il se mit à courir puis trébucha. Sur une bouteille à la mer qui gisait là. Il l'attrapa, la coinça sous son bras, puis reprit sa marche, sa course, vers ce qui restait de lui.

Le soir, dans son lit, caché sous une couverture, Englo ouvrit le flacon avec précaution. Ses mains tremblaient toujours mais son cœur semblait s'être apaisé. À l'intérieur, un bout de papier. Le garçon, pris d'une joie soudaine, se dépêcha de le déplier. Mais ses lèvres restèrent fermées, une simple feuille blanche l'attendait. Vierge et muette.

Englo s'allongea et plaqua la lettre immaculée contre son ventre. Demain serait un autre jour. Un jour pire. Il le sentait déjà qui dévorait ses entrailles.

12

Englo sursauta. Il y avait du bruit dans la maison. Dehors. Tout autour. Une rumeur humide qui fatigue et qui dérange. Le garçon se redressa, décolla la feuille de son ventre, la posa sur le côté, descendit de son lit et posa les pieds dans une flaque. Une flaque dans sa chambre. Instinctivement, Englo releva la tête pour identifier la fuite venant du plafond. Rien. Pas une goutte. Aucune auréole. Englo se ravisa et ausculta le sol. Ce n'était pas une flaque mais un lac inondant la pièce de part en part. Le garçon voulut sortir mais son corps l'en dissuada. Il ne pouvait pas toucher cette eau. Elle allait lui faire mal. Le happer et le faire disparaître. Englo voulut faire taire la petite voix qui l'empêchait de se sauver mais il ne put rien y faire. Il était paralysé.

Et puis tout se mit à craquer, à cogner, à crier. Englo remonta sur son matelas, se recroquevilla, étouffa ses oreilles avec des coussins et tenta de s'évanouir.

Tout se mit à grogner. Azlan le premier. On pouvait entendre sa plainte qui ricochait nerveusement. Il y avait de l'eau dans toute la maison qui montait doucement. Tout le monde était debout pour essayer de comprendre ce qui se passait. Entassée devant la fenêtre de la cuisine, la tribu encore endormie eut l'explication. Une inondation venant de dehors. De la mer, de la rivière, du ciel. Il y avait des gouttes énormes perçant les nuages et rejoignant le rivage. Des perles transparentes nourrissant les vagues et les courants. Transformant la terre en une mare gigantesque. Plus un carré de sable, de cailloux, de poussière. De l'eau recouvrant tout. Une pellicule argentique qui grossissait à vue d'œil. Qui rampait sur les tiges et les troncs. Qui continuait son ascension.

Paprika eut un éclair de raison et résista au pouvoir d'hypnose d'une telle vision. Elle se pencha, aspergea son visage et annonça :

— Tout va bien. Nous sommes tous là. Il faut monter. Être au plus haut.

Personne n'acquiesça mais tout le monde s'exécuta. La ribambelle monta une à une les marches et rejoignit les étages. Sans un mot, Paprika, Azlan, Nanosh, Ilmiya, Pepindorio, Mandino, Zorita, Luludji, Korian et Sidi investirent la petite terrasse découpant les toits. Un balcon en forme de U. U comme uchronie. Que se serait-il passé s'ils ne s'étaient pas réveillés ?

Encerclés par la rivière devenue mer, ils n'avaient rien à faire. Juste à contempler ce chaos en espérant qu'il les épargne d'une trop grande misère.

Sur son lit, Englo s'était évanoui. Avec à son oreille une étrange mélodie. Celle d'une boîte à musique, perdue et déprimée. À ses côtés, un blaireau le veillait.

Au loin, flottaient des machins et des trucs. Plus près, on pouvait voir les poules nager et les poissons voler. Korian se pencha pour essayer de les attraper mais Luludji le ramena à elle en chuchotant :

— Tu n'as pas d'ailes mon fils, mais un jour, je t'apprendrai à voler.

Le trapèze avait cessé de balancer. Il bougeait maintenant au rythme des tourbillons qui envahissaient l'horizon.

L'eau montait encore et encore. Elle dépassait les murets, les pieds de tomates, les chevaux cramoisis. Ces derniers cherchaient du regard une issue pour s'ébrouer et sauver leur carcasse. Mais le courant les happa.

Ilmiya, mélancolique, se mit à chanter pour accompagner cette danse macabre et Pepindorio à pleurer, non pour ajouter des larmes à cette crue démentielle, mais parce qu'il voyait sa roulotte disparaître sous les flots. Bientôt elle partirait elle aussi, écrasée par le poids des vagues.

Le flot, de plus en plus opaque, semblait s'épaissir au fil des heures. Pour devenir un bain de boue qui engloutissait tout mais ne régurgitait rien. Glouton et grossier, il n'épargnerait personne. Les matous bleus, verts et gris s'étaient transformés en statue d'argile. Agrippés aux tuiles, ils gardaient les yeux fermés et ne bougeaient pas d'un poil. Ils voulaient se faire oublier.

Et puis, tout s'emballa et le monde entier défila. Une machine à laver, une paire de girafes, une mobylette, des pneus, un abribus, des panneaux de signalisation, une brouette, un lion, un tracteur, des poupées avec des couettes, des croûtes de bitume, un parasol, une armoire en verre, un cactus, une…

Ilmiya hurla. Elle poussa un premier cri d'abord. Sans explication. Pour écrabouiller toute cette folie et prendre sa place. Puis, elle poussa un second cri. Plus long et rempli de sens :

— Englo !

À son signal, Azlan plongea dans le torrent.

À son signal, Paprika, Nanosh, Pepindorio, Mandino, Zorita, Luludji, Korian et Sidi reprirent en écho :

— Englo !

Ilmiya n'avait rien vu mais elle avait senti. En un éclair, elle s'était rappelé de cet enfant. Qui était en train de se noyer. Il fallait le sauver.

Azlan défia le courant véloce. Il enfonça sa tête, son corps dans cette flaque immense. Mais à chaque fois, il ressortait un peu plus affaibli. Il attrapa alors une branche et se concentra. Il observa la maison qui était encore debout avec ses fenêtres et ses trous. L'eau n'avait pas envahi tout le rez-de-chaussée. Elle ne laissait qu'un étroit passage mais ne touchait pas encore le plafond. Sans écouter sa raison qui lui dictait de ne pas entrer dans cette forteresse inondée, Azlan fonça dans le tas. Il se faufila entre deux linteaux et bouscula les portes. Bâillonné par les quantités d'eau qui l'aspergeaient, il ne pouvait crier. Juste chercher. Chercher celui qu'ils avaient oublié.

À l'intérieur, tout était sens dessus dessous. Les chaises avaient pratiquement rejoint les lustres et les murs se penchaient pour atteindre l'horizon. Il restait un couloir d'air, entre le sommet de la crue et les poutres, suffisant pour une grosse tête d'homme.

Azlan ignora le ravage et souleva des litres et des litres de boue. Enragé mais aussi terrorisé, il n'avait pas d'autre choix que d'avancer. Il ne voulait pas retrouver un cadavre. Il voulait retrouver un petit garçon.

Chahuté dans les couloirs, il parvint quand même à rejoindre la chambre du gamin. La porte résista. Rien à faire. La poignée s'en mêla et, plutôt que de faire levier, s'en alla rejoindre les flots et leurs bouées. Face à cette paroi immense, qui n'était en fait qu'un vulgaire bout de bois, Azlan s'effondra. Il n'avait pas pu. Il ne pouvait pas. Il ne pourrait pas sauver l'enfant. Englo était juste là. Et lui juste ici. Et tout était fini.

— De l'eau dans mon cœur.

Azlan se redressa et cala sa tête contre la porte.

— De l'eau dans mon cœur.

C'était la voix d'Englo. Englo qui répétait cette phrase inlassablement. L'homme fort attrapa la gazinière qui flottait entre un tableau et un évier. Il la souleva et la balança contre le bois qui explosa. Le garçon était là. Toujours recroquevillé sur son lit, plaqué contre les solives, il attendait et psalmodiait ce murmure.

Englo se tut. Et des bras immenses vinrent à nouveau le sauver.

Sur les toits, ils le prirent tous dans leurs bras. Tous sans exception. Même Azlan qui ne savait plus se servir de ses mains pour les câlins. Englo choisit le ventre de Luludji pour se blottir. Ses poils lui donnaient chaud et son odeur le rassurait. Après quelques minutes, tout le monde s'endormit. Instantanément. Le choc violent les avait tous anéantis.

Les heures passèrent. La pluie cessa. La nuit se propagea. Le torrent se transforma en rivière. La rivière en ruisseau. Le ruisseau en ru. Le ru en flaques. Le jour se releva. Plus fort et plus sec. Le soleil s'invita. Chaud. Torride. Ses rayons épargnèrent les âmes assoupies qui continuaient de chasser le mal par les songes. Sa chaleur se concentra sur le reste du monde qu'il fallait étancher. Laver. La terre, qui était partout, sécha. Autour des machins et des trucs, elle n'était plus qu'une fine pellicule de poussière. Qui allait bientôt exploser. Qui explosa. Des milliards de particules volèrent dans les airs et s'échouèrent sur le sol sec. Sur le balcon en forme de U, personne ne vit rien, trop occupé à se recharger dans les nimbes des rêves. Le soleil déclina et le vent se leva. Éclairé par la lune, il souffla. De toutes ses forces, pour n'oublier aucune écorce. Tout devait être balayé. Nettoyé. Aspiré. Pour faire comme si rien ne s'était passé. Même si tout n'allait pouvoir être réparé. Le vent s'essouffla toute la nuit et mourut à l'aube. À sa mort, la vie se réveilla. Et avec elle, Paprika, Azlan, Nanosh, Ilmiya, Pepindorio, Mandino, Zorita, Luludji, Korian, Sidi et Englo.

13

Le calme après la tempête. La crue leur avait fait peur. Elle avait tout secoué dedans et dehors. Un électrochoc pour que les carapaces explosent puis, plus rien. Le normal. Sans horloge qui nage ni pinson qui crawle. Juste quelques bizarreries sans importance qui bientôt disparaîtraient dans la routine du quotidien. Le poisson dormant entre les poules ferait vite partie du décor et les écrevisses suspendues au séquoia aussi. La tribu avait laissé son armure partir avec les vagues. La peur de perdre Englo les avait réveillés.

Maintenant, ils voyaient Englo. Tous.
Maintenant, ils s'étaient remis à briller. Tous.

Un jour passa. Pour remettre chaque chose à sa place. Pour que Pepindorio retrouve sa roulotte épargnée par les flots. Pour que Zorita remette ses toiles à l'endroit. Pour tout le reste aussi.

Une nuit passa. Songeuse.

Le matin suivant, lové dans la moiteur des draps, Nanosh murmura à Paprika :

— Tu as l'épaule douce.

— C'est une vieille épaule toute flétrie.

— Ce n'est rien, nous flétrirons ensemble.

Paprika embrassa Nanosh. Une rousse pour un barbu. C'était un signe. La journée serait divine.

Sans se concerter, ils s'étaient tous mis d'accord. Aujourd'hui, ils allaient chanter, danser, se saouler pour fêter cette nouvelle vie qui leur était offerte. Tout le jour, ils préparèrent l'instant.

Luludji récolta ses légumes les plus tordus et les mena à Paprika pour qu'elle les épice. Azlan rempailla de vieux fauteuils sublimes et les disposa autour du saule qui ne pleurait pas. Pepindorio tendit des fils de branche en branche, y accrocha des lampions et dessina un chakra[1] dans l'écorce du séquoia avec son Opinel. Nanosh sculpta quelques blocs de pierre et les transforma en totem. Sidi aida Zorita à accrocher ses tableaux sur les arbres et les murs de la cour. Mandino déchira des pages de ses livres et les fixa avec des pinces à linge sur les feuilles vertes. Des confettis géants suspendus et immobiles. Ilmiya s'occupa d'Englo. Elle joua avec lui des heures durant. Colin-maillard. Un, deux, trois, soleil. Chat perché. Marelle. À un moment, Englo l'appela :

— Maman !

1. Roue solaire : se trouve sur le drapeau rom sur un fond vert (la terre fertile) et bleu intense (le ciel); composée de vingt-quatre rayons, elle est le symbole de la route et de la liberté.

Englo se mit à rougir. Il s'était trompé de mot. Maman pour Ilmiya. Le gamin se sentit tout bizarre. En boule contre un poteau, il n'osait plus lui envoyer le ballon. Ilmiya s'avança. Pour la première fois depuis son arrivée, il la vit vivante. Sa peau crayeuse s'était teintée de rose avec des pointes de fuchsia sur les pommettes. Sa chevelure et ses pupilles noires brillaient. Il retrouva en elle comme un air de famille, lointain mais bien présent. Sécurisant. Ces nouvelles couleurs avaient apaisé l'enfant et, dans un élan d'amour, il avait dit maman. Ilmiya le rassura :

— N'aie pas honte. Ce n'est pas grave. C'est ton cœur qui parle. Ta mère te manque.

Ilmiya fit demi-tour et reprit sa place afin de réceptionner la balle. Ce qu'elle ne lui dit pas c'est qu'elle aussi aurait bien aimé écorcher son prénom, jouer au jeu de papa-maman et l'appeler mon fils.

Le jour arriva à sa fin. Prêt à laisser à la nuit le privilège de la fête.

Les femmes avaient tressé leurs cheveux avec de beaux foulards. Du rouge et du pourpre pour illuminer leur crinière. Elles avaient passé quantité de bracelets à leurs poignets et leurs pieds nus. Avec des clochettes et des brillants. Elles portaient aussi des boucles d'oreilles pendantes, du parfum d'ambre, des dessins au henné, du orange sur leurs ongles, des paillettes de quartz sur la peau.

Les hommes avaient choisi des chapeaux de toutes les formes. Un rond pour Nanosh, un pointu pour Azlan, un biscornu pour Pepindorio et un bien repassé pour Mandino. Englo coiffait toujours sa casquette avec des taches. Ils avaient tous plaqué leurs cheveux et leur moustache avec de la brillantine. Des bagues d'argent à chaque main, ils avaient noué un carré de tissu coloré autour de leur cou et mis un mouchoir assorti dans la poche de leur veston. Certains avaient préféré la ceinture aux bretelles. D'autres les bottes aux mocassins vernis. Mais tous avaient sorti leur pantalon à pinces, celui qui moule les fesses. Et leur chemise blanche. Crème. Avec des boutons de manchettes un peu rouillés.

Les lampions s'étaient allumés un par un, offrant à la cour une lumière bigarrée. Un moucharabieh avait poussé près du séquoia permettant à Zorita de s'y allonger. Les musiciens avaient pris leurs instruments et les enfants s'étaient installés sur les coussins.

Pepindorio commença. Sa voix caverneuse s'empara de la pénombre. Possédé par Tom Waits, le sexagénaire entonna *A little drop of poison*. Son jumeau Mandino le suivit au piano. Appuyant les blanches et asticotant les noires. Ses mains oubliant l'arthrose à la faveur de sa prose. Nanosh rejoignit le duo avec sa guitare et sans ses annulaires. Ses doigts manquants qui lui avaient valu tant de disputes avec Paprika. Elle voulait le marier en robe blanche et devant un curé. Nanosh l'avait traitée de folle et avait refusé cette offre diabolique. Heureusement le destin vint à sa rescousse. Il perdit un annulaire d'un coup de chasse sur une pierre et le second en bricolant le hachoir. Enfin, c'est ce qu'il racontait, jamais personne pour vérifier. Sans doigt pour honorer l'anneau, Nanosh se sentait enfin libre. Libre d'aimer sa belle sans entrave.

Le gros barbu ajouta donc ses quelques accords à la mélodie. Puis Paprika et son accordéon. Tout petit sur la poitrine plantureuse de sa musicienne. Pepindorio, toujours au chant, invita le dernier instrument à rejoindre la ronde. Sa scie musicale. Celle qui vibre comme une demoiselle. Qui chante et qui pleure. Englo se redressa. Il était absorbé. Impressionné. Mais le show ne faisait que commencer. Les filles investirent la piste. Sidi et Luludji. Les danseuses attrapèrent leurs jupes longues, les remontèrent jusqu'aux genoux et se mirent à danser. Englo eut un mouvement de recul en apercevant les mollets poilus de Luludji. Noirs. Piquants. Un cactus basané. Mais la jeune femme, au contact de la terre et de la danse, se transforma. En déesse. Ses gestes dessinaient sur la poussière des cercles envoûtants. Ses bras embobinaient tout autour d'eux des fils d'argent. Invisibles mais puissants. Capables de séduire le monde entier. Elle était belle. Englo ne voyait plus qu'elle. Sidi, à ses côtés, semblait éteinte. Malgré ses courbes majestueuses, sa peau douce et son visage de Madone. Luludji avait à ce moment-là, ce soir-là, à cet endroit-là, quelque chose en plus. Elle était danseuse et cela la rendait sublime.

Puis une flamme vint offrir à cet instant une note d'éternité. Déchirant l'air et réchauffant son souffle, elle prit part à la transe. Englo sursauta puis l'admira. Azlan. L'homme fort à la moustache était aussi un dragon. Muni d'un bâton et d'une bouteille, il faisait du feu avec sa bouche. De grandes gerbes ocre sur le tableau noir de la nuit. Les autres continuaient, unis par la ferveur et l'envie.

Les heures passèrent. Ilmiya prit la place de Pepindorio au chant. Pepindorio celle de Mandino au piano. Mandino celle de Nanosh à la guitare. Et cætera. Zorita, Englo et Korian avaient rejoint la piste pour vibrer eux aussi et sentir les frissons parcourir leur corps. Englo avait balancé sa casquette, ôté sa tunique bleue, ses souliers marron et mis Korian sur son dos. Zorita avait, elle aussi, relevé son jupon dévoilant aux noctambules ses cannes flétries.

Les heures passèrent et le kolo[1] commença. Main dans la main. Unis dans une ronde. Les bohémiens exprimaient en chœur un chant originel qu'ils traduisaient au fur et à mesure avec leurs pieds nus sur le sol terreux. Les adultes esquissaient un pas agile et compliqué. Englo rompait la chaîne en passant entre les grands. Il serpentait à s'en donner le tournis. À la fin de la litanie, le cercle se resserra et les corps s'enlacèrent. Une étreinte puissante. Englo se retrouva coincé au milieu. Il suffoqua d'abord puis se laissa faire. Légèrement désorienté, il chercha une épaule contre laquelle s'appuyer. Mais aucune n'était fiable et le mouvement sans fin. Englo finit par lâcher prise. Il ferma ses yeux, desserra ses poings et donna son corps au kolo. Ses mains frôlèrent des seins bouillonnants, ses orteils rencontrèrent la corne d'autres orteils, ses narines reniflèrent cette vie qui était un peu la sienne. Sûrement. Beaucoup. La coriandre sur les doigts de Paprika, la sueur bestiale de Luludji, le tabac de Pepindorio, et puis aussi de nouvelles odeurs. Des senteurs inconnues qui avaient pourtant

1. Désigne une famille de danses en rond de la Serbie, de la Bosnie-Herzégovine et de la Croatie.

un air de déjà-vu. Comme si à son arrivée, il avait tout scellé et que maintenant, il s'ouvrait. Et sentait enfin la menthe poivrée que transpirait Azlan, les oranges confites cachées dans les cheveux d'Ilmiya, la poudre de coquelicot que Zorita transportait sur sa peau. Englo sentit tout cela. Et bien d'autres choses encore. Auxquelles il ne put pas donner de nom mais qui étaient bien réelles. Shooté par toutes ces miettes parfumées, Englo finit par s'évanouir. À son réveil, le jour était de retour et Adrienne les avait rejoints. Lovée autour d'un feu craché par Azlan, la tribu insomniaque savourait les dernières minutes de cette nuit magistrale. Englo entrouvrit les paupières et vit la robe d'Adrienne étendue à ses côtés. La jeune fille aux pois murmura :

— Il t'a plu ce rêve ?

— Quel rêve ?

— Eh ben, celui de cette nuit ?

— Mais non, j'ai pas dormi. C'était pas un rêve.

— Ça, c'est ce que tu crois. Tu comprendras le jour où tu te réveilleras.

14

La vie devint belle. Englo sentait sa mère si loin qui se rapprochait tout près et cette sensation faisait de lui un enfant heureux. Bientôt elle reviendrait, le reconnaîtrait et plus jamais ne l'abandonnerait. Et puis pour l'instant cette famille bancale n'était pas si mal. Elle allait même de mieux en mieux. Comme une guitare qu'il fallait simplement accorder pour qu'elle sonne plus juste. Les clefs avaient été vissées. Les cordes testées. Les musiciens apaisés. La mélodie pouvait commencer. Enfin. Sans fausse note. Avec un mot pour chaque refrain.

PAIN. Paprika + Englo. De la farine éparpillée sur la grande table. Englo sans tablier pour que les blouses gardent les taches comme des souvenirs indélébiles au fil des lavages. Des céréales de toutes les tailles à trier avant de les incorporer. Une jatte ocre pour la poudre blanche. Une jatte blanche pour les œufs jaunes. Par où sortent les œufs ? Par le cul de la poule ? Rire. Éclats de rire. Paprika donne la réponse : l'œuf sort par le cloaque. Une carafe d'eau que l'on remplit et que l'on vide pour donner à boire au levain.

Un torchon pour garder la magie. Un œil dessous pour essayer d'en révéler une partie. Des pâtons enfournés. Frissons tout de même de voir la pâte se transformer en croûte. Le blanc devenir or. L'alchimie de la boulangerie sur la grande table de la cuisine. Avec aux murs des souris empaillées et des cadres vides de photo. Des cadres. Tout simplement. Peut-être pour refléter celui qui se regarde dedans.

FALAISES. Pepindorio + Nanosh + Mandino + Englo. Après le bras de terre entre la mer et la rivière. En passant devant le pêcheur sans ligne et sans yeux. Dans un recoin derrière un champ. Entre un plaqueminier et un grenadier. Un roc immense surplombant le courant. Neuf mètres quarante de haut. Quelques prises d'escalade pour atteindre le sommet. Pepindorio au firmament. Dormant, priant ou se concentrant. Soixante-trois printemps. Un sexagénaire sur un bout de pierre. Prêt à sauter. À tourbillonner. Pour un gamin assis en bas. Avec des yeux immenses et un prénom d'ange. Une expiration à la recherche de l'inspiration. Pour l'air mais aussi pour l'art. L'art éphémère d'une galipette en l'air. Il faut du temps pour que le corps *s'élastique* et trouve sa dynamique. Compte à rebours. Trois deux un. Et pourquoi pas : un deux trois. Peu importe. Il saute. S'envole. Pirouette. Et disparaît. Dans l'eau. Quelques secondes. Longues. Puis une onde. Une tête. Un clown. Sans parade. Juste son cœur comme bouée de sauvetage. Un clown récupéré par Nanosh et Mandino car le plongeur ne sait pas nager. Il sait se servir de ses ailes mais pas de ses nageoires. C'est alors que l'enfant applaudit le saut de la mort. Le saut de la mort qui tue. Ou pas.

PUZZLE. Azlan + Englo. Une pièce. Puis deux. Un flamant rose. Puis deux. Danger. Ne pas s'approcher. Juste observer. J'ai dans ma main des morceaux d'une immense valeur. Ne pas toucher SVP. Sous peine de finir décapité. Mais la tension n'y est plus. La brute s'est adoucie. Approche petit garçon à la tunique bleu. Voyons ce qu'il y a sous tes épis noirs. De grands yeux noirs. Peut-être peuvent-ils être utiles ? Pas pour ce puzzle-ci bien sûr. On peut mettre celui-là de côté et en prendre un autre. Celui avec des cerises vertes qui deviennent bleues. Il est bien celui-là. Allez viens. Sur mes genoux, ton visage contre mon cou, tes narines dans ma menthe poivrée. On remettra nos pièces dans l'ordre. Pour que les cerises vertes deviennent bleues. Pour que ta petite tête reste dans mes cheveux.

CARESSE. Ilmiya + Englo. D'abord une chute. Puis une blessure qu'il faut soigner. Ilmiya. Une femme grise repeinte à la gouache pour panser la plaie. Ilmiya sans blouse blanche mais avec ce qu'il faut de bonté pour sauver un gamin blessé. Abandonné. Avec des plaies ouvertes ne pouvant cicatriser. Trop profondes. Une mère qui se sépare de sa chair l'endommage. Son embryon devenu grand se déchire loin d'elle. Il s'éparpille. S'effrite. Et finit avec de grandes blessures. Un seul remède. Il faut combler. Remplir les crevasses creusées par cette maman qui ne peut pas. Ne peut pas faire autrement. Ne peut plus. Il faut les combler ces angoisses et ces manques qui naissent quand une mère délaisse. Délaisse son enfant sous la pluie sans lui souffler son nom. Le pose là en attendant qu'elle aille mieux. Il faut bien s'en occuper de ces enfants que l'on abandonne. Il leur faut une mère. Une nourricière. Qui s'occupe de leur ventre, de leurs douleurs, de leurs pipis au lit parce que la nuit quand on n'a plus de maman, on fait pipi au lit. Ça soulage et ça réchauffe. On se sent moins seul au fond de son lit immense. Et puis un jour, il y a enfin quelqu'un pour border le matelas, soulever les draps, les renifler, les enlever et les changer. Et ce quelqu'un prend aussi le temps de leur parler pour les rassurer et ne pas que ça recommence. Et ça ne recommence pas car l'enfant abandonné a rempli une de ses blessures avec les cheveux de cette mère de rechange. Et peut-être que demain, cette maman qui n'en est pas une, découvrira une nouvelle plaie et viendra la panser. D'une caresse.

La chanson se répétait avec d'autres mots au fil des jours pour d'autres refrains. BILBOQUET. PHYSALIS. FOURCHETTE. POT-AU-FEU. ANTÉSITE.

Et puis, il y eut un mot de trop. Un mot tout simple. De quatre lettres. Deux consonnes pour deux voyelles. Rien de bien inquiétant. Il aurait pu passer inaperçu. Il aurait dû passer inaperçu. Mais la vie est comme cela. Dure et sauvage. Comme un jour de pluie où le vent vous fouette le visage. Un mot de trop. VÉLO.

15

Il était étendu sur le côté. Près de la roulotte de Pepindorio. C'est lui qui l'avait vu le premier. Il s'était approché tout près, sur la pointe des pieds, sans le toucher, il l'avait juste regardé. Son guidon rouillé, ses rayons emmêlés, son rouge décrépit, sa selle, ses pédales, son porte-bagages… Il l'avait ausculté, s'était retourné, avait vu le reste autour et avait vomi. Sans un mot, il s'était éloigné précautionneusement, pour ne pas le faire vibrer, pour ne pas l'effleurer d'un caillou mal placé, pour ne pas le faire exploser. Une bombe était à l'intérieur. Il le savait. Il ne fallait surtout pas la titiller. L'ignorer et l'oublier. Voilà ce qu'il avait à faire.

Dans la cuisine, on ne prêta pas attention au clown triste. Sa blancheur et ses tremblements n'alarmèrent personne. Il faut dire que Pepindorio était un habitué des crises de fin du monde. Emprisonnement oblige. Il n'y avait donc rien d'anormal à le voir, certains matins, vibrer comme une feuille ou baver comme un escargot. L'angoisse qui l'habitait s'exprimait puis repartait.

Englo, au milieu de la tribu, lapait son bol de lait tel un chaton que l'on vient de sevrer. Imprécis et goulu, il en mettait partout mais dévorait sa gamelle avec un appétit immense. Autour, les cafés fumaient et les premières cigarettes se roulaient. Paprika remit quelques châtaignes dans une poêle trouée puis demanda à Nanosh :

— Va nous chercher un peu de bois dans la réserve. Le feu s'endort.

Le barbu et son ventre rond sortirent. Le barbu et son ventre rond revinrent. Sans bûche. Sans combustible pour raviver les flammes. Sans ce qu'avait demandé la femme.

— Mais qu'est-ce que tu fais là ? Allez, relève-toi. Va chercher le bois !

Nanosh observait le bleu du feu sans comprendre un seul mot de ce que sa rousse disait. Paprika répéta trois fois sa demande sans succès.

— Bon, Azlan, vas-y ! Mon mari n'est qu'un mollusque. Je m'en occuperai après le déjeuner.

Azlan sortit. Puis revint lui aussi. Sans bûche. Sans combustible pour raviver les flammes. Sans ce qu'avait demandé la femme.

— Bande d'incapables ! Mais vous voyez bien que j'ai les mains pleines de farine ! Luludji, vas-y ! Ton père et ton oncle sont des mâles sans cervelle.

Luludji sortit. Puis revint elle aussi. Sans bûche. Sans combustible pour raviver les flammes. Sans ce qu'avait demandé la femme.

— Ça suffit !

Paprika sortit. Puis revint elle aussi. Sans bûche. Sans combustible pour raviver les flammes. Mais avec un vélo qu'elle balança dans le feu. Tout le monde sursauta. Ilmiya se leva, regarda par la fenêtre et se plaça devant la cheminée. Devant cette bicyclette minuscule. Ridicule au milieu des braises. Et pourtant. Elle se mit à pleurer. Il y eut comme un nuage qui cache le soleil qui luit. Tout redevint gris. Un voile crasseux recouvrant les lieux. Englo les observa quelques secondes. Ils étaient tous comme endormis. Focalisés sur ce combustible inapproprié. Désarticulé. Englo voulut faire diversion. Hors de question qu'un bout de ferraille remette les compteurs à zéro. Ce n'était pas ce vélo qui allait effacer tous ces nouveaux sourires. Le garçon se leva et se mit à danser. Ses pieds nus sur la tomette, il essayait de faire des claquettes. Mais aucun son ne vint. Rien. Même pas un battement d'orteil. Tout était muet. Ou bien sourd. Comme une porte qui claque sur un doigt. La douleur plus forte que le bruit.

Alors Englo se résigna et attendit patiemment que le vélo fonde. Lorsque ce fut fait, que le métal eut rejoint les cendres, tout le monde se releva et reprit sa place devant son bol. Englo les chercha du regard, ne les trouva pas et sortit. Et comprit. Dehors, tout était étrange. À l'envers. La nuit avait dû être violente pour transformer la cour ainsi. Le vélo n'était qu'une des pièces rapportées par ce vent sauvage. Il y avait là d'autres carcasses et d'autres restes. Pourquoi n'avait-il rien entendu ? La nuit avait pourtant été si calme. Était-ce ce désordre qui les rendait si ternes ? Pourquoi ce vélo, cette brouette, ce bout de tôle, ce caddie rouillé, cette lampe démembrée, tous ces débris les affligeaient ?

Un retour de tempête. Une réplique. Tout était pourtant si doux… Englo ne se laisserait pas faire. Il réquisitionna Adrienne qui passait par là, lui demanda de retrousser ses manches et ils se mirent au travail. Le petit homme plaqua contre son torse fragile les reliquats, les transporta jusqu'au bout du jardin et les balança derrière les murets. Adrienne s'occupa des gros objets. Une heure plus tard, la cour était comme avant. Sans squelette métallique pour attiser les tourments. Englo fourra le tas de déchets avec du foin et demanda à Adrienne de tout faire cramer. La demoiselle flamenco gratta une allumette et la balança dans le tas. Englo souffla pour que le rouge se transforme en flammes. Il fallait que ce soit ces poubelles et non pas sa nouvelle famille au cœur de papier qui succombe au brasier. Sa tribu était trop fragile. Englo commençait à comprendre la raison de sa venue. Il était là pour sa mère mais pas seulement. Eux aussi avaient besoin de lui. Devant ce feu, Englo se sentit fort. Fort comme un ours. Il avait assez hiberné. Il était maintenant prêt à user de sa force pour les sortir de ce mauvais rêve.

— À quoi tu penses ?

Englo sursauta. C'était Adrienne qui s'était postée juste derrière lui. Elle avait sorti ses billes et commençait à jouer.

— À quoi tu penses ? répéta-t-elle.

— À eux. Ils ont besoin de moi.

— Tu ne crois pas que c'est un peu tard ?

— Non. Tu vas m'aider. Tu vas me dire pourquoi ils sourient pas. T'as vu hier, tout allait bien et aujourd'hui, ils pleurent à cause de ces bouts de fer. Ça y est, j'ai…

— Je ne peux pas t'aider.

— Mais…

— Je ne peux plus.

— Tu ne…

Adrienne n'était déjà plus là. Juste ses agates et son boulard posés sur le sable.

Englo se décida à rentrer, prêt à les affronter. Mais il ne l'était pas, prêt. Une fois à l'intérieur, il se broya. Dans la cuisine, seule, face à lui, Ilmiya n'avait plus de cheveux. Dans ses mains des ciseaux. Sur le sol des mèches d'ébène éparpillées. Sur ses joues des larmes rouges transperçant ses pommettes écarlates. Elle n'avait plus de regard, plus de fossettes. Elle n'était plus qu'une ombre presque chauve. Englo voulut s'approcher d'elle, se coller contre ses jambes et lui dire que tout allait bien, qu'il avait nettoyé la cour, qu'il ne restait plus rien du désordre et du chaos, que chaque chose était à sa place, mais il ne le fit pas. Il ne put pas. Trop effrayé par cette femme qu'hier il appelait maman. Trop impressionné par la violence de ces lames.

Il longea le mur, passa devant Ilmiya qui ne le vit pas et rejoignit le hall. Luludji était dans un coin sous l'escalier. Elle faisait rouler une bobine de bois entre ses doigts.

— Qu'est-ce que tu fais ? demanda Englo.

— Je me construis une armure avec du fil d'araignée.

Englo déposa les armes. Aujourd'hui était un jour noir où les démons gribouillaient l'espace. Il ne pourrait rien contre eux. Trop forts. Trop fous. Il verrait demain. Demain serait un autre jour.

Englo regagna sa chambre sans un regard pour le reste de la tribu. Mieux valait ne pas voir les délires de ces hurluberlus. Assis sur le rebord du matelas, il se déshabilla. Il releva le drap, se recroquevilla et reposa le drap. Dans ses bras, un oreiller. Il allait dormir. Toute la journée. Toute la nuit. Pour arriver jusqu'à demain.

Lorsque la lune fut ronde, il sursauta. Un cri. Puis un deuxième. Il ne bougea pas.

C'était un râle profond. Perforant l'air de toute sa rage. Il venait de la chambre d'Ilmiya. Elle était à terre. À plat ventre. Presque nue. Juste une blouse remontée au-dessus de la poitrine. Azlan couché sur elle. Son sexe entre ses fesses. Azlan. Le mâle. Les poils brillant de sueur. Ses mains agrippées au crâne rasé de sa belle. Les yeux fermés, il la chevauchait ardemment. Ilmiya ne bougeait pas. Elle recevait cette étreinte violente, la savourait et l'exprimait en soufflant. En hurlant. Il lui fallait des coups. Encore des coups. Pour expulser le diable qui revenait en elle. Il lui fallait un pénis large et puissant pour l'atteindre et le dompter. Du sexe sale pour le désenvoûtement. Brusquement, elle se dégagea et repoussa l'homme fort. Elle se retourna, se releva, prit la tête d'Azlan et plaqua sa bouche contre son con moite, invitant sa langue à sucer ses lèvres humides. Sa langue râpeuse pour laver le mal. Le pulvériser. L'amant lécha puis, la moustache entortillée, se leva et prit sa poupée légère à bout de bras. Il la souleva, la plaqua contre le mur et la pénétra encore une fois.

— Tu n'es pas une pute ! répétait Azlan.

Azlan qui savait ce qu'une femme rasée représentait aux yeux de la communauté. Une prostituée. Une infidèle. Ilmiya s'était tondue sans penser aux conséquences. Juste une crise de folie à cause du vélo, du chaos et toutes ces choses qui lui faisaient froid dans le dos. Ilmiya n'était pas une traînée, non, juste une femme perdue qui n'avait pas réfléchi à ce qu'une telle alopécie impliquait.

— Tu n'es pas une pute !

Et Ilmiya cria. Encore une fois. La paroi vibra. L'étage frissonna. La maison trembla.

Englo ne comprenait pas ces bruits. Ils lui faisaient peur. Il voyait un monstre rugir et défoncer tout sur son passage. C'était un peu cela qu'il se passait. Un peu cela et pas tout à fait. Mais le pas tout à fait, c'était une affaire de grande personne. Et Englo n'était qu'une petite personne de six ans. Un enfant sans maman qui, pour un peu de réconfort, laissa son urine couler le long de son corps. Le tissu mouillé contre sa peau de bébé, Englo tentait d'attraper derrière le vacarme les notes de musique qui berçaient le drame. Peut-être était-ce la scie triste de Pepindorio ? Ou l'accordéon de Paprika ? Peu importait, la mélodie le calmait.

Englo finit pas s'endormir. Sans savoir que cette berceuse venait de l'étage. Du bout du couloir. Derrière une porte fermée à clé. Où il était interdit d'entrer. Pourtant, il fallait bien l'ouvrir, cette porte close, pour remonter la boîte à musique.

16

Ce fut un réveil calme. Sans crise d'hystérie. Un réveil normal.

Où chaque chose était à sa place, excepté la belle crinière d'Ilmiya. Tous autour de la table. Chacun son tabouret. Chacun son bol. Du miel pour sucrer le café. Du bois pour nourrir la cheminée. Un blaireau près du fourneau. Des mûres pour colorer la crème. Des paupières encore endormies à la recherche de la confiture de châtaigne. Un couteau à beurre près de sa motte. Adrienne et ses pois devant la porte d'entrée. Une panière d'amandes. Des œufs dans leur coquetier. Crus ou cuits ? Pas d'importance, pourvu qu'il y ait du jaune.

Ce fut un matin calme. Sans crise d'hystérie. Un matin normal.

Sur son pétrin, Paprika balança de la farine. De la blanche et de la grise. Une fine couche pour isoler du bois, pour que ça ne colle pas. Englo à ses côtés sur la pointe des pieds, les narines au niveau de la poudre.

Puis sur une caisse pour mettre la main à la pâte. Des petits tas éparpillés un peu partout. Pas des boulettes mais presque. Plus ovales peut-être. Englo s'amusait à en faire de toutes les tailles malgré les remontrances de Paprika qui insistait sur le gabarit. Elle avait même un moule dont elle ne se servait pas. Elle le posait juste là pour que l'œil mesure et que la main façonne. Il fallait que la main façonne, c'était la règle, sinon les biscuits n'auraient pas bon goût. Il fallait aussi introduire les noisettes et les raisins secs un par un. Ne surtout pas faire rouler les boules de pâte sur le tas en espérant en accrocher quelques-uns au passage. Tout devait être homogène. Parfaitement homogène. C'était important pour Paprika. Pour la cuisinière aux cheveux rouges qui s'habillait de toutes les couleurs et ne portait jamais de boucles d'oreilles assorties. De la rigueur, oui, mais seulement lorsqu'il s'agissait de gastronomie. Englo appréciait néanmoins de cuisiner avec elle. La grosse dame s'occupait de lui, le guidait, lui expliquait. Et cela lui plaisait, quelqu'un pour lui prendre la main. Surtout quand elle faisait mine de l'ignorer lorsqu'il picorait la pâte crue qui pour lui était bien meilleure que la cuite.

Ce fut un après-midi calme. Sans crise d'hystérie. Un après-midi normal.

Pepindorio s'installa dans la pièce entre le boudoir de Mandino et la chambre d'Englo. Un petit rectangle sombre et sans fenêtre avec une télévision, un magnétoscope et une chaise bien rempaillée. Il ferma la porte à clé pour ne pas déranger. Pour ne pas être dérangé. Il prit la seule cassette posée sur le poste, la manipula avec précaution, la confia à l'appareil et s'installa.

Concentré et appliqué, il se tenait droit, parfaitement imbriqué à sa chaise, avec ses mains posées sur ses genoux. L'instant était important. Cérémonieux. Il fallait être attentif. Pour ne rater aucune miette. Pour être présent à cent pour cent. De toute façon, la distraction était impossible. La passion était telle qu'il aurait fallu une bombe nucléaire pour détourner l'œil de sa cible. L'homme de sa contemplation. Pepindorio appuya sur le bouton, inspira un grand coup et défit ses bretelles afin de regarder pour la cent onzième fois *It's a wonderful life.* Le noir et le blanc s'emparèrent de la pénombre. Pepindorio, à l'écoute des cloches qui accompagnaient le générique, frotta ses phalanges moites sur son pantalon. *Liberty Films presents*. James Stewart dirigé par Frank Capra. Pepindorio posa sa main contre sa poitrine pour calmer son cœur. Il retrouvait ses compères qui, comme lui, refaisaient l'histoire avec des « si ». Et si Georges Bailey n'était pas né. Si Bedford Falls était devenue Pottersville. Pepindorio jubilait. L'uchronie refaisait la vie et, peut-être qu'un jour, lui aussi, il pourrait vivre comme s'il n'avait jamais été enchaîné. Torturé. Désintégré.

Ce fut une soirée calme. Sans crise d'hystérie. Mais une soirée un peu anormale.

Adrienne apporta une boîte. Dans cette boîte, un sachet. Dans ce sachet, des images. Par paires. Un jeu de mémoire où le cochon devait retrouver son double. Idem pour l'oie, le narval, le microcèbe, l'hippotrague, et les autres. Englo était heureux d'avoir une complice pour jouer. Même si cette petite fille-là était un peu étrange et qu'elle disparaissait tout le temps. Un fantôme rouge avec des pois.

— Pourquoi tu portes toujours la même robe ? avait fini par demander Englo.

— C'est à ton tour de jouer.

— J'ai l'impression que les images changent de place. C'est toi qui fais de la magie ?

— C'est à ton tour de jouer, répéta-t-elle sans lui répondre.

— Pourquoi t'es bizarre ?

— Bon, ça suffit ! On arrête de jouer ! s'emporta-t-elle.

— Mais non. J'veux… J'veux jouer. C'est juste des questions.

— Moi aussi j'peux te poser des questions. Pourquoi toi aussi, t'as toujours les mêmes habits depuis que t'es arrivé ? Pourquoi ta mère, elle fait comme si t'existais plus ? On dirait que tout le monde s'en moque de toi ! T'intéresses plus personne. Et puis, pourquoi y a cette musique là-haut depuis que t'es ici ? Pourquoi la vieille, elle peint avec des pinceaux rasés ? Pourquoi les…

— Ça suffit ! cria Englo en larmes. Va-t'en ! Va-t'en !

Ce fut Englo qui s'en alla. Il courut jusqu'à sa chambre, se recroquevilla sur son lit, se vida de ses larmes et chercha désespérément les réponses aux questions posées. Mais il n'eut aucune réponse, juste ces questions qui se répétaient. Se répétaient. Se répétaient. Se répétaient. Se répétaient.

Ce fut une nuit calme. Sans crise d'hystérie. Mais une nuit anormale.

Sidi était nue dans la véranda. Étendue sur le sol. Éclairée par la lune. Elle gémissait. Des petits cris. Sourds et discrets. Néanmoins passionnés. Ses seins tendus pointaient leurs tétons vers l'astre nocturne. Fiers de pouvoir exposer à la nuit leur délice lubrique. Son nombril vibrait répondant aux assauts portés à son pubis. En effet, entre les jambes de Sidi, entre sa cuisse droite et sa cuisse gauche, entre sa lèvre droite et sa lèvre gauche, sur son clitoris, il y avait une langue, au bout de cette langue une bouche, autour de cette bouche un visage. Ce visage était celui de Luludji. Seulement vêtue de ses poils denses, la cousine s'appliquait à faire jouir celle qui n'avait plus le droit de se dévêtir.

Pour Luludji, c'était naturel de fourrer sa langue dans le sexe des jeunes pucelles. Elle aimait cela, les femmes. Et encore plus lorsqu'elles étaient fraîches. Korian, ce fut juste le fruit d'une aventure avec un mâle de passage. Quatorze minutes avec un Nordique blond en manque de touffe noire. Une aventure pour un fils. Korian. Qui vivait maintenant sur son dos sauf la nuit où elle le posait près du fourneau. Mais pour Sidi, c'était une première. Elle était plutôt phallus. Avec testicules et prépuce. Elle aimait se faire prendre. Elle aimait être pénétrée. Elle aimait les à-coups répétés. Mais depuis qu'elle portait des cols hauts et des jupes basses, elle n'avait plus souvent l'occasion de savourer un sexe dressé dans les profondeurs de sa féminité. Les propositions de Luludji l'avaient tentée et elle avait cédé.

Le cunnilingus continua. Sidi se cambra. La langue s'entortilla. Le clitoris se dressa. Un doigt la pénétra.

Sidi suffoqua. Sidi se rapprocha de l'asphyxie. Et, dans un cri, tout petit, mais tellement aigu, Sidi se laissa jouir. Les vibrations ricochèrent le long de son bas-ventre pour remonter dans sa poitrine et s'emparer de sa gorge. Un spasme. Luludji l'observa, voulut calculer la distance entre l'aine et le plexus de Sidi mais se ravisa. En silence, elle se releva et sortit. Laissant quelques poils sur le corps de sa demoiselle. La nuit pouvait continuer à transformer la réalité en songe. Demain, il y aurait le jour.

17

Il y eut l'aurore. Les pieds nus retrouvèrent le sol, les culs leurs tabourets, les estomacs leurs bols, mais pour le reste, ce fut un drôle de concert avec Pepindorio comme chef d'orchestre.

Cela faisait quelque temps que Pepindorio s'absentait sans explication. Il délaissait son trapèze, prenait sa sacoche et partait avec son monocycle au bout du chemin. Il disparaissait une heure ou deux puis revenait. Épuisé.

Ce matin-là, Pepindorio resta sur sa chaise. Sa sacoche à ses pieds. Il émietta son pain, renversa son café et se tartina de confiture. Maladroit, il ne savait plus comment se mettre pour évacuer son stress. Alors il se leva, réajusta ses bretelles, déboutonna un bouton, resserra la taille de son pantalon et, sans introduction, sans formule, sans conditionnel ni pincettes, il annonça :

— Sidi va marier le fils Boyash. Il s'appelle Zirka, il a vingt-quatre ans, c'est un bon ferrailleur.

Ce qu'il ne dit pas, c'était qu'il avait lui-même choisi le prétendant. Il avait passé plusieurs jours à prospecter discrètement autour de la bourgade pour trouver l'homme le moins fou et le plus doux. Au départ, il avait pensé à Tchavo Kokkalares, mais il découvrit son passé. Tchavo était un meurtrier. Il avait tué son cheval d'un coup de boule et avait malencontreusement enterré sa dernière compagne sous le platane de la décharge. Ce n'était que des on-dit mais c'était déjà trop. Trop sanguin pour sa Sidi. Zirka était bien plus approprié. Une fois l'élu trouvé, Pepindorio avait amené une toile peinte par Zorita pour décrire à Zirka sa promise. Zirka fit mine d'être surpris – cette belle créature, il l'avait déjà eue dans son lit – puis écouta attentivement l'entremetteur. Pepindorio avait calculé le prix dépensé depuis la naissance de sa fille. Ce montant, le futur époux devrait le verser au beau-père et il lui serait rendu au bout d'un an si sa fille n'avait pas été battue. Pepindorio se moquait bien de cet argent. Ce qui lui importait, c'était que plus personne ne batte sa princesse. Ni lui, ni un autre. Zirka céda à toutes les exigences de Pepindorio et l'affaire fut conclue d'une poignée de main.

— Les noces auront lieu chez eux, dimanche prochain.

Il y eut un silence asphyxiant. Celui où chacun retient son souffle et où personne n'ose donner la première inspiration. Englo aurait voulu poser ses questions, celles qui avaient hanté sa nuit, mais il vit bien que ce n'était pas le moment. Luludji dévisageait Sidi. Leur première fois serait la dernière. Le reste de la tribu resta figée. Aucune expression, aucune réaction, peut-être quelques cillements. Après plusieurs secondes immenses, Sidi se leva.

— J'irai. Pour que les gens cessent de nous montrer du doigt. Pour qu'on arrête de me traiter de fille de joie. Mais à une seule condition. Je veux bien partager sa couche mais je veux pouvoir revenir ici quand bon me semble. S'il m'enferme chez lui, je me pends.

Pepindorio lui donna sa parole et la prit dans ses bras. Il voulait lui dire pardon, lui dire combien il l'aimait, combien tout cela lui coûtait, combien il la préférait libre et sans chaîne, libertine et heureuse, mais non, il ne le ferait pas. Parce que son choix de plier devant l'ennemi le rendait petit et ne lui permettait pas ce genre de propos. Parce que son cœur était pudique.

Le reste de la semaine se transforma en parade nuptiale. Et, même si la future mariée s'habillait de mélancolie, l'ensemble de la famille semblait très investi dans ce nouveau projet. Le mariage imminent permettait à chacun de se réfugier dans les préparatifs et d'oublier pour un temps leurs vieux démons. Même Englo se laissa faire et oublia les angoisses qui l'habitaient. Il mit sa mère entre parenthèses, ordonna à son cerveau de se mettre au repos pour éviter toute question intempestive et fit des efforts pour faire de l'étrange Adrienne une camarade.

Les hommes se rendirent chez le futur marié pour déplacer les tables, les commodes, les caisses et préparer la maison à la fête. Les femmes se concentrèrent sur Sidi. Elles butinèrent autour de la promise afin de lui trouver les plus beaux atours puis finirent par encercler celle qui ne souriait plus.

— T'inquiète pas ma Sidi. C'est un bon gars Zirka à ce qu'on dit.

— Il est plutôt beau garçon.

— Et puis t'auras juste sa couche à honorer. Et quand tu voudras pas, t'auras qu'à lui dire que tu saignes.

— Y en a qui aiment ça, le sang.

— Tais-toi !

— Je crois que là-bas, ils ont des sous. Tu pourras lui demander de beaux foulards.

— Ils vont même aux Saintes chaque année[1].

— Quand tu le tromperas, tu feras attention à ce que personne ne le sache. Sinon, ils te couperont le nez.

— T'as vu ses mains ?

— Son frère, c'est Barfko. Celui qui a les ours.

Sidi ne disait toujours rien. Elle les laissait jacasser sans les écouter. Leur mélodie ridicule l'apaisait. Sidi, en fait, n'était pas si terrifiée que cela. Et même pas du tout. Ce Zirka ne lui faisait pas peur. Elle le connaissait en fait. Elle l'avait déjà goûté lors d'une soirée d'été et il était plutôt à son goût. Son pénis était à sa taille, ses mains assez joueuses, sa voix rocailleuse et l'homme sentait l'orange. Et Sidi, un gars parfumé à la fleur d'oranger, tout de suite, ça la rassurait. Et puis, surtout, elle savait qu'elle ferait plier

1. Tous les ans, au printemps, plus d'une dizaine de milliers de Gitans catholiques font un pèlerinage aux Saintes-Maries-de-la-Mer pour célébrer leur sainte patronne Sara.

son futur époux comme un pleyon. Il était si tendre. Sidi, entourée de ses piailleuses, se mit à sourire et se projeta. Elle prendrait ce qu'elle aurait à prendre, donnerait ce qu'elle voudrait bien donner, et reviendrait au bercail quand bon lui semblerait. Tout cela en gagnant le respect de la communauté et en s'aventurant sous quelques jupes de passage. Car il faut dire que Sidi avait bien aimé cette langue de femelle sur son con à elle. Sa cousine avait eu la bonne idée de la dépuceler, elle allait maintenant pouvoir courir les jupons en toute discrétion.

Le jour du mariage arriva. Englo demanda :

— Et moi, qu'est-ce que je mets Ilmiya ? Je ne vais pas garder mon…

— Toi ? Mais tu ne viens pas, mon Englo.

Englo se figea. Minuscule statue plantée au milieu du vestibule, le garçon sentait sa tête lui tourner. *Tu ne viens pas. Tu ne viens pas. Tu ne viens pas.* Cette phrase tournait dans sa tête et l'affligeait chaque seconde davantage. Ils partaient tous et lui devait rester là. Seul. Abandonné. Englo ne comprenait pas. Englo avait mal à l'estomac, au foie, à la rate, au coude, à la cheville, au poumon, à l'hypophyse, à l'ongle du pouce, au cœur, à la nuque. Tout s'était emmêlé de l'intérieur. Écrabouillé. Broyé. Plus rien ne semblait fonctionner, Englo était incapable de faire le moindre mouvement. Même ses cils ne pouvaient plus ciller. Après quelques minutes à lui tourner autour, Ilmiya le remarqua enfin.

— Mais que se passe-t-il Englo ?

— …

— C'est parce que tu ne viens pas, c'est ça ?

— …

— Excuse-moi. J'aurais dû t'en parler avant. Tu ne viens pas parce ce qu'il n'y aura pas d'enfant à la fête. Aucun. Les enfants restent chez eux, c'est comme ça, chez nous. Mais c'est pas grave, de toute façon, tu te serais ennuyé. Et puis demain, on te rapportera une belle part de gâteau pour ton petit-déjeuner.

Tu ne viens pas. Englo n'avait entendu que cela. Ces mots qui tournaient. Tourbillonnaient. L'emprisonnaient. Seul. Abandonné. Dans cette maison immense. Avec ses murs glacés et ses couloirs sans fin. Avec ses cadres vides et ses souris empaillées. Avec sa mélodie fantôme. Avec ses marches grinçantes. Seul. Abandonné. En proie au souvenir de sa mère qu'il n'arrivait pas à se rappeler. Seul. Abandonné. Sans eux. Sans ceux qui l'avaient extirpé de l'orage et du ravage. Englo sentit sa peur se transformer en terreur. Sa gorge se mettre à brûler. Le petit garçon de six ans se mit à crier :

— Non ! Vous pouvez pas me laisser là ! Vous avez pas le droit de m'abandonner ! Vous m'avez récupéré, maintenant vous me gardez ! Vous me gardez ! Vous avez pas le droit de m'abandonner !

Ilmiya, désemparée, voulut lui dire qu'elle ne l'abandonnait pas, que c'était juste pour quelques heures, que bien sûr, ils allaient le garder, l'aimer, le câliner. Elle aurait aussi pu ajouter qu'il était pour elle un fils mais Englo ne lui laissa aucune place. Ses mots, qui n'avaient jamais été aussi nombreux, continuaient leur plainte, sans répit :

— Vous me laissez jamais venir avec vous au village ! Je peux jamais sortir d'ici ! De la maison ! Pourquoi vous voulez pas m'emmener avec vous ? Pourquoi tout est bizarre ici ? Pourquoi y a cette musique là-haut ? Et ces…

— Quelle musique ? parvint à souffler Ilmiya.

— Celle de la…

— Je reste avec lui.

C'était Adrienne qui venait d'apparaître. La fillette aux pois leur coupa la parole pour faire taire tous ces mystères. Et peut-être aussi parce qu'elle voulait faire de ce garçon délaissé un frère.

Les adultes partirent. Les enfants restèrent.

Là-bas, il y eut du sang. Celui de Sidi mêlé à celui de Zirka. Pris au creux de leurs poignets pour être mélangé dans un verre, être bu par le couple, les unir vraiment et rappeler à leurs corps qu'ils étaient amants.

Ici, il y eut du sang. Celui de la souris qu'Adrienne venait d'égorger pour expliquer à Englo les principes de la taxidermie. La poupée blonde n'alla tout de même pas jusqu'à l'empailler. Elle se contenta de tracer des lignes au feutre sur le cadavre de la bestiole morte. Puis la naturaliste se transforma en cuisinière et invita Englo à jouer à la dînette. Sans la souris verte qui avait rejoint le cimetière des animaux, mais avec de la poudre de sauterelle, celle qui rend les rêves beaux.

18

Le matin suivant, il y eut un certain flottement. Sidi partie, toute la maison semblait sens dessus dessous. Rien ni personne ne trouvait sa place. Le café finit dans l'évier, Paprika se brûla, Azlan se coupa un doigt avec son Opinel, la table perdit sa cale, les cadres mirent leur tête à l'envers, le sel prit la place du sucre. Seul Pepindorio semblait tenir debout. Mais ce n'était qu'une façade. Un subterfuge. Un exercice d'acrobate. Où chacun de ses muscles avait été réquisitionné pour effectuer cette figure de haute voltige : celle du père qui tient encore debout alors qu'il vient de vendre sa fille à un homme doux. C'était une première pour Pepindorio, il n'avait jamais effectué cette acrobatie, aucune répétition préalable, aucune préparation, et tout cela lui coûtait. Beaucoup.

Heureusement, Mandino vint mettre fin au calvaire de chacun.

Il ouvrit la porte avec force, la claqua avec autant de force, attrapa un tabouret haut, le fit virevolter une seconde, posa ses fesses dessus et annonça à l'assemblée désorientée :

— Une lettre de Peshan !

Tout s'arrêta. Même l'horloge qui d'habitude ne faisait aucun faux pas. Il y eut un souffle de soulagement. Enfin, ils allaient en savoir un peu plus sur leur gamin de pluie. Connaître son véritable prénom. Découvrir son histoire. Mais il y eut surtout une bouffée d'angoisse. Si Peshan écrivait, c'était parce qu'elle avait quelque chose à dire. Si Peshan écrivait, c'était parce qu'elle allait revenir. Revenir et repartir. Repartir. Avec lui. Les gorges se nouèrent. Leur petit ange ne pouvait pas s'en aller. Pas maintenant. Plus maintenant. Maintenant qu'ils l'avaient vu. Reniflé. Débarbouillé. Peshan ne pouvait pas le reprendre. Un enfant, ce n'était pas un jouet qu'on pouvait prêter et reprendre ainsi. Englo n'était pas un pantin, il fallait bien qu'elle se mette cela dans la tête Peshan. Il ne fallait pas qu'elle pense que ce serait si simple. Il y avait onze cœurs ici qui battaient maintenant pour lui, elle n'allait tout de même pas avoir l'audace de les arrêter. Les tripes s'entortillèrent autour des viscères. Ils avaient tous mal au ventre maintenant. Ils avaient tous la nausée. Une envie de vomir fragile prête à fléchir à tout moment, à répandre sa soupe malodorante pour tout ensevelir sous sa vase acide.

La main de Mandino agrippant l'enveloppe se mit à trembler. À cet instant précis, tout s'emballa. Les culs quittèrent leur chaise, les langues se délièrent et tout le monde se jeta sur le messager à la lettre empoisonnée. Ils la voulaient tous. Maintenant.

Tout de suite. Qu'il l'ouvre. Qu'il la lise et qu'on en finisse ! Que la torture cesse ! Quand est-ce qu'Englo allait les quitter ? Disparaître. Les laisser seuls. Abandonnés. Il leur fallait des réponses, sinon ce serait l'explosion. Malmené et griffé, Mandino tentait de sauver le courrier des ergots de ces rapaces. Même s'il ne savait pas trop pourquoi il faisait cela. Même si, comme les autres, il voulait savoir quels étaient tous ces mots enveloppés. Même si, comme les autres, il voulait les voir s'effacer. À jamais. L'assaut dura quelques longues secondes puis Ilmiya mit fin à toute cette folie.

— Tout le monde à sa place. Tout le monde à sa place ! Personne ne veut de ce courrier, on voudrait tous le déchirer, le brûler, le… Mais on ne fera rien ! C'est bien compris ? C'est Englo qui doit ouvrir son enveloppe et lorsqu'il le décidera, Mandino lui lira. En attendant qu'il se réveille, vous la fermez ! Vous la fermez. Vous la fermez…

Ilmiya était passée des cris aux larmes. Effondrée sur un bout de la table immense, entre le miel et les noix, elle allait attendre le réveil d'Englo.

Ils allaient tous attendre…

Une cuillère dans une tasse qui touille. Et touille encore. Un cinquième sucre mis par inadvertance. Parce que trop de souffrance.

De la mie grattée au cœur de la croûte pour la répandre. Et la ramasser. Et la répandre. Parce que ça occupe. Parce que ça calme.

Un Opinel qui creuse les verrues jusqu'à la chair. Parce que quand ça saigne, on sait pourquoi on pleure.

Une cigarette roulée à l'envers qui dégueule le tabac et se consume de l'intérieur. Parce que le fumeur a la tête à l'envers et que s'il le pouvait, il se ferait bien cramer les entrailles lui aussi, ça ferait peut-être moins mal.

Une marmite qui s'use sous les frottements d'une paille de fer qui abuse. Parce que la dame à l'éponge voudrait tout gratter pour que tout soit impeccable. Pour que les traces disparaissent. Celles d'une mère qui abandonne et qui récupère.

Des ongles que l'on exécute à coup de mâchoire anxieuse pour arriver jusqu'à la peau et la dévorer elle aussi. Parce qu'en se mangeant soi-même, on peut espérer ne plus être et ne plus souffrir.

Une attente transformant les minutes en siècles.

Puis la porte s'ouvrit. Englo entra, se mit face à son bol et lapa son lait comme il avait l'habitude de le faire. Tout s'arrêta encore une fois. Mandino toujours à la même place, avec la même lettre, avec la même main tremblante parvint à prononcer un mot :

— Englo.

Deux mots :

— Une lettre.

Trois mots :

— De ta mère.

Quatre mots :

— Elle est pour toi.

Cinq mots :
— Je peux te la lire.

Englo cessa de laper. Il quitta sa place, s'avança vers Mandino, prit la lettre et ressortit.

19

Recroquevillé sous l'escalier, Englo approcha l'enveloppe près de ses narines. Sa mère était là, tout près. Pliée en quatre dans ce bout de papier. Il allait enfin la retrouver. Il chercha son odeur. Il frotta le kraft pour que ses microscopiques particules à elle viennent réveiller en lui celle qui était sa maman. Mais il n'y eut rien, même pas le parfum du facteur, de l'encre ou de la poussière. Cela faisait des semaines qu'Englo attendait de ses nouvelles, qu'il priait pour qu'on lui explique d'où il venait, pourquoi il était là, qui était sa mère… Mais là, à cet instant, tout était différent. Toutes ses questions furent terrassées par une étrange émotion. Quelque chose de chaud circulait maintenant dans ses veines. Il commençait enfin à se sentir bien, à être chez lui ici. Et puis, peut-être que de là où il venait il n'était pas si heureux, que sa mère n'était pas si bonne que cela. Peut-être que c'était une belle chose qu'il soit dans cette famille. Qu'avait-il bien pu faire de si terrible pour que Peshan l'abandonne ? Englo sentit une vague de tristesse le submerger. Il cacha la lettre sous ses souliers et laissa ses larmes d'enfant couler sur ses joues pommelées.

Il oublia les questions de grande personne et pleura cette mère qui lui manquait mais qu'il n'était pas prêt à retrouver. Il aurait voulu courir vers Mandino et lui demander de lire ces phrases et d'écrire à sa maman et de l'emmener la rejoindre parce que c'était le bon moment et leur dire au revoir et même adieu et retourner à sa vie et ne plus s'inquiéter et repartir à zéro. Mais il avait encore besoin d'eux. Encore un peu. Juste un peu. Il ne savait pas pourquoi. C'était comme ça.

Englo entra de nouveau dans la cuisine. Il était comme somnambule. Manipulé par un marionnettiste invisible qui décidait de chacun de ses gestes. Il n'avait plus la force de se mouvoir. Il put juste se laisser guider jusqu'au fourneau où il laissa ses mains chiffonner l'enveloppe et la balancer dans le feu. Puis il reprit sa place. Au milieu des siens.

Une question :

— La lettre était dans l'enveloppe ?

Sans réponse.

II

Englo est un euphémisme

20

« Je n'ai pas peur. Pas peur du tout. En fait si, un peu. J'ai peur que maman revienne. Quand je suis arrivé, je voulais qu'elle revienne me chercher. Même si je me rappelais pas d'elle, que je savais plus comment elle s'appelle. Maintenant, c'est pas pareil. Ça tape dans ma tête depuis le courrier qui sentait rien. Y a des nœuds dedans, ça s'est tout mélangé. Je veux plus partir. Je veux plus aller de l'autre côté du chemin. Je suis bien ici. Avec eux. Rien me manque, tout est ici. Je suis triste pour maman de pas me rappeler d'elle mais même dans mes rêves, elle y est pas. Dans mes rêves, y a Ilmiya. Même avec sa tête rasée, je la trouve belle et puis elle sent bon. Ça me fait des chatouilles dans le dos quand je la sens. Maman va être triste. Et puis, c'est moi qui vais être triste quand elle va revenir. J'ai pas envie de repartir mais elle va revenir. Elle a écrit une lettre. Je l'ai jetée au feu. Je sais pas quand je vais partir. Mais je vais partir. »

21

Des secondes dans ce nouveau monde. Se transformant en minutes. En heures. En jours. En semaines.

Des secondes près d'Ilmiya, Azlan, Paprika, Nanosh, Pepindorio, Mandino, Zorita, Sidi, Luludji, Korian et Adrienne.

Des secondes précieuses à savourer dans l'instant de peur qu'il n'y en ait pas de suivantes.

Des secondes avant que Peshan ne revienne.

Il avait neigé toute la nuit. Au petit matin, un tapis blanc et épais recouvrait le potager gelé, le trapèze, la roulotte, les murets, les rails, les branches, les pierres, le chemin entre la mer et la rivière. Une couverture de coton moelleuse et discrète. Absorbant tous les sons, habillant les saletés, enveloppant le monde d'une étrange façon. C'était comme si un marshmallow géant s'était explosé sur le sol et avait tout recouvert. Pour que tout soit plus doux. C'était la théorie de Pepindorio qui devenait de jour en jour un peu plus fou. Un peu plus, un peu moins, quelle importance, le clown triste restait lui-même et faisait du bien aux gens autour. Chaque fois que sa Sidi lui rendait visite, il lui faisait quelques galipettes et tours de passe-passe pour la faire rire. Ça marchait. Le lendemain, Sidi revenait, pas pour les acrobaties mais pour le reste.

Il avait donc neigé toute la nuit. À son réveil, Englo fut éjecté du lit par Paprika.

— Il neige !

Elle balança un tas de bonnets, écharpes, moufles, anoraks, par terre et l'invita à sauter dedans et à choisir. Elle lui demanda de mettre plusieurs couches, d'empiler les gants et les cagoules, pour ne pas qu'il prenne froid, pour ne pas qu'il se gèle les doigts. Englo, qui ne se souvenait pas de la neige, courut d'abord jusqu'à sa fenêtre. Il poussa la chaise contre le mur, grimpa, ouvrit les battants, s'appuya contre le rebord, passa sa tête dehors et redécouvrit la dame blanche. Une grande couverture douillette et laiteuse recouvrait tout. Pas une trace. Des centaines de petites paillettes répondaient au soleil et illuminaient le sol. Au bout des branches, il y avait des tas de flocons amassés qui faisaient plier les rameaux. Englo ne remarqua pas l'équation – multiplier les poids plumes pour faire plier le poids lourd – puis inspira l'oxygène gelé dans ses poumons chauds et expira son souffle tiède dans l'air glacé. De la fumée. Nouveau tour de magie. Englo se mit à sourire et se dit qu'il allait l'aimer cette neige prestidigitatrice.

— Il neige !

Toute la maisonnée répondit à l'appel. Le rempaillage, la peinture, le bricolage, la cuisine, tout cela pouvait bien attendre. La neige était là, il fallait la célébrer. En profiter. Demain, elle ne serait plus qu'une immense flaque. *Carpe diem.*

Tous enfilèrent bonnets et écharpes. Englo les caressa comme on caresse un chat. Normal, Luludji avait filé du poil de matou pour en faire de la laine de matou puis l'avait tricotée. Il y en avait de toutes les couleurs. Englo choisit le capuchon rouge. Comme le nez du clown. Ou bien comme le vélo cramé dans la cheminée.

— Je suis allergique aux chats, pleura Adrienne.

— Tiens ! Prends celui-là.

C'était un modèle en crin de cheval. Moins doux mais plus chaud. La fillette le posa sur ses boucles blondes et enfila un anorak rayé sur sa robe à pois. Englo lui prit la main, elle sursauta puis le laissa la guider.

— Attendez, tous les deux. Vous n'allez pas sortir comme ça. Et vos pieds ?

Les gamins baissèrent la tête et observèrent leurs orteils nus posés sur les tomettes. Paprika leur donna de grandes bottes et du papier journal.

— Vous bourrez le papier dedans. Ça tiendra la godasse et ça vous tiendra chaud. Et mettez-en aussi contre le ventre, ça vous évitera une pneumonie.

Les enfants se dépêchèrent de plaquer les articles contre leur peau. Réchauffée par les annonces nécrologiques, Adrienne fut la première à fouler la poudre encore vierge. Englo, la page des rébus contre le cœur, la suivit précautionneusement. Émerveillé par tant de pureté, ne voulant surtout pas l'abîmer, il mit ses pas dans ceux d'Adrienne pour qu'il n'y ait qu'une seule trace.

Les autres suivirent. Un par un. Chacun avec son accoutrement, sa formule pour parer le froid, sa couleur fétiche. La troupe transforma la cour en véritable terrain de jeu. Zorita, Nanosh, Luludji et Korian attaquèrent la construction d'un bonhomme géant. Pour la décoration, de la paille, des coques de noix, des feuilles, des bouts de bois, des galets ronds. Pepindorio façonna des boules de neige pour le jonglage. De différentes tailles. Avec des cailloux dedans pour ajuster leur poids et les rendre performantes. Nanosh et Azlan firent des briques avec la glace pour construire un igloo. L'homme fort portait les blocs et l'homme barbu les sculptait. Paprika, Adrienne et Englo, allongés sur le dos dans les flocons, battant des bras comme le papillon ses ailes, dessinèrent des anges dans le sol. Sidi les rejoignit, elle avait pris le cheval de son mari. À son arrivée, elle se jeta du haut de la selle et fit des roulades dans le coton réfrigéré. Il ne manquait plus qu'une silhouette. Mandino était absent. Il avait mieux à faire.

Dans son boudoir, entouré de ses bibliothèques, enseveli sous ses livres, Mandino avait eu une crise au petit matin. La fièvre de l'inspiration s'était emparée de lui. Celle qu'il attendait depuis si longtemps. Un mot l'avait réveillé. Cardigan. Un mot désuet certes mais un mot quand même. Ses yeux s'étaient ouverts et ne voulaient plus se refermer. Il faisait encore noir et il n'avait rien d'autre à faire qu'à écouter ce mot. Cardigan. Puis un autre s'était greffé au premier. Puis un troisième. En entraînant une ribambelle. Ils commençaient à se bousculer, tous ces lexèmes. Mandino s'était relevé d'un bond, avait failli crier *eurêka*, avait allumé sa lampe de chevet puis s'était mis immédiatement au travail. Enfin presque immédiatement. Il s'était d'abord concentré sur la forme au risque de perdre la flamme créatrice. Mais Mandino était comme cela. Perfectionniste. Il avait donc déplacé son secrétaire pour qu'il soit à la bonne place, puis sa chaise pour qu'elle soit à la bonne place, puis sa lampe de bureau, son cahier, sa plume. Il avait ensuite enfilé sa robe de chambre, peigné ses cheveux, pris une cigarette, un briquet, un verre de bourbon qu'il avait planqué dans un tiroir, enfilé une paire de pantoufles, mis un disque à faible volume et fermé la porte à clé. Une fois ses rituels terminés, il s'était finalement assis et avait écrit le premier mot. Puis le suivant. Puis les suivants.

Mandino était assis là. À cet endroit précis qu'il avait savamment choisi. La fièvre de l'écriture était toujours en lui. Mais sa main dérapa. Elle se mit à trembloter. Mandino à trembler. La dernière page du cahier, il venait de la remplir. Il n'avait plus de papier. Plus de papier. Alors que sa main voulait écrire. D'un bond, il se releva, essayant de retenir toutes ces phrases qui venaient à lui. Il lui fallait faire taire le flot avant qu'il ne déborde et se perde dans l'espace. Instinctivement, Mandino plaqua ses mains contre ses oreilles pour retenir les informations et les garder à l'intérieur. Paniqué, il se mit à tourner dans sa cellule. Il y avait des tonnes de livres et de pages ici mais aucun espace libre. Aucune feuille vierge pour laisser aller sa plume. Mandino, affolé, sortit de son antre. Il courut dans les couloirs, appela sa tribu à la rescousse mais tout était vide. Silencieux.

— Il me faut du papier ! cria-t-il.

Aucune réponse. Juste une lointaine rumeur venant de l'extérieur. Mandino se dépêcha de sortir.

— Il me faut du papier ! cria-t-il.

Face à lui, du blanc. Un immense voile blanc sur lequel il aurait pu graver des milliards de mots. Cette vision le secoua encore un peu plus. Mandino claqua la porte laissant les autres à leurs jeux puérils. Il reprit sa marche, fouilla les placards, les coins, les recoins, souleva les nappes et les trappes, déplaça des caisses, mais il n'y avait rien. Ici, personne ne lisait ou n'écrivait, qu'espérait-il trouver ? Mandino suffoquait. Il transpirait. Sa raison lui demanda de cesser ses absurdes recherches mais Mandino continua quand même. Les mots étaient encore là. Dans un coin de sa tête. Mandino reprit sa quête. Il passa dans chaque couloir et visita chaque chambre. Dans celle d'Englo, il se passa quelque chose d'étrange. Elle était vide. Pas un vêtement dans la commode. Pas une chaussette sur les tommettes. Pas un cheveu sur l'oreiller. Il ne trouverait rien ici. Pourtant Mandino resta planté là. Au milieu de ce rien qui lui faisait du bien. Il ôta ses pantoufles, laissa glisser son peignoir sur le sol, grimpa sur le lit et se recroquevilla en boule sur le matelas. Il tira le drap sur lui et prit une grande inspiration. Cette odeur. Ce parfum caché dans la fibre et quasiment imperceptible, Mandino le sentit. Et cela l'apaisa. Il faillit s'endormir mais quelque chose l'en empêcha. Une bosse sous le coussin. Quelque chose lui faisait mal à la nuque. Mandino souleva le traversin et découvrit une bouteille. Une bouteille vide mais pleine. Il y avait une feuille à l'intérieur. Du papier. Un support d'écriture. Une étendue vierge pour sa prose. Une scène pour son moi créateur. Mandino se redressa. Assis sur le lit, à nouveau vacillant, il se dépêcha de l'ouvrir. Il tapa le cul du flacon et fit sortir la page tant attendue. Elle était immaculée, prête à être déflorer. Mandino sentit son cœur bondir, il allait pouvoir continuer à écrire. Mais en une seconde tout se figea. La feuille blanche ne l'était plus. Il y avait comme des dessins dessus. C'était flou. Très flou. Et Mandino n'avait pas les lunettes appropriées pour tout déchiffrer. Un carré au milieu avec d'autres carrés. Peut-être une maison. Des ronds avec des ronds. Peut-être des arbres. Ou des visages. Et puis des lettres. L. I. A. J. D. M. Des lettres sans queue ni tête. Des initiales ? Une anagramme ? Un code secret ? Mandino sentit sa tête lui tourner. Tout cela lui parlait mais il ne comprenait pas ce que ça disait. Cela lui était pourtant familier. Mandino eut un frisson. Il eut peur. Sans plus attendre, il se dépêcha de remettre la feuille dans sa bouteille. Il la balança sous le coussin, sauta dans ses pantoufles, attrapa son peignoir et sortit de cette chambre froide. L'inspiration n'était plus. La fièvre l'avait rendu fou. Ses visions et ses sensations s'étaient déformées. Il lui fallait stopper l'écriture. Maintenant. Tout de suite. Son cerveau perdait les pédales et cela, Mandino ne pouvait le supporter. De la maîtrise. De la rigueur. Il lui fallait retrouver cela. Mandino courut dans le couloir, sortit dans la cour et se jeta dans la neige froide. En pyjama. Sans bonnet, ni écharpe. Ce soir, il aurait une pneumonie. Mais il serait dans son lit à lui. Avec ses rêves à lui. En train de songer à tous les livres qu'un jour il pourrait écrire. Le conditionnel était fait pour lui. C'était maintenant une certitude. Il ferait maintenant corps avec lui et ignorerait les appels du présent et de l'impératif.

Un carré blanc entouré de murs de calcaire. À l'intérieur, des êtres libres dessinant dans sa poudre des lignes, des points et des anges. À l'extérieur, une étendue vierge rejoignant la mer et la rivière. Et de temps en temps, apparaissant et disparaissant, des animaux de passage. Une mésange, un blaireau, deux girafes, une souris, un chat, un cheval.

22

Les jours passèrent. La neige s'en alla. La charrette s'installa. Azlan et Nanosh l'avaient tirée au milieu de la cour. Elle était grande et robuste. Sculptée dans du bois de rose. Ses lignes sombres s'entortillaient autour de ses larges roues en séquoia. Deux arceaux la traversaient pour tendre une bâche les jours de pluie. Mais aujourd'hui, il ferait grand beau, on y attacherait quelques poules encore endormies. Dès l'aube, la carcasse immobile commença à se remplir. Azlan empila une dizaine de chaises. Depuis quelque temps, il faisait des merveilles. Sa rage s'était apaisée, les bouteilles de gnôle se vidaient à un rythme raisonné et il avait retrouvé le goût de rempailler. Ilmiya, heureuse de ce mari dégrisé et de ses doigts à nouveau habiles, lui avait annoncé au réveil qu'il pourrait à nouveau la porter et la faire virevolter. Cette perspective faisait d'Azlan et Ilmiya un couple presque heureux. Presque, car leurs cœurs savaient que derrière ces apparences, ils avaient déjà dansé leur dernière danse. Ils n'étaient que des miettes éparpillées qui parfois se retrouvaient. Même si ces retrouvailles avaient lieu de plus en plus souvent, il n'y avait pas d'illusion à se faire, ils ne parviendraient pas à tout recoller. De toute façon, il manquait des pièces à leur puzzle. Des pièces vitales.

Nanosh prit la suite d'Azlan et cala deux de ses guitares à l'arrière. Il les avait enveloppées dans un linge pour les protéger de la poussière et des coups divers. Il aida ensuite Luludji à porter tous ses paniers. Depuis le départ de Sidi, elle était devenue très productive. Il fallait qu'elle occupe ses mains en attendant de retrouver une fille pour exercer ses doigts. Korian sur son dos sommeillait encore. Il dormirait tout le jour puisqu'en ce moment, il aimait observer la lune la nuit. Luludji, elle, ne dormait plus, seulement les nuits sans lune. Mais cela lui convenait, elle n'avait jamais aimé cela dormir, ça l'ennuyait. Elle en profitait donc pour biner son jardin pendant que son fils contemplait les cieux. Zorita débarrassa la véranda avec Pepindorio. Ils empilèrent les toiles les unes sur les autres et les portèrent jusqu'à la charrette. La vieille avait décidé de passer à autre chose. Elle vendrait tous les nus de Sidi en quelques heures puisque les nus de Sidi faisaient tourner les têtes et vidaient les portefeuilles puis, lorsqu'elle reviendrait, elle peindrait autre chose. Des pots de fleurs pourries ou des chats bleus. Elle verrait où ses pinceaux taillés la mèneraient. Paprika courait dans tous les sens. Elle transpirait à chaque foulée mais ne pouvait s'arrêter. Elle n'arrivait pas à remettre la main sur son accordéon. Il était énorme pourtant, avec de l'or brillant et des touches étincelantes. Et puis, il était bavard. Toujours une note en suspens qu'il lançait au gré des vents. Mais Paprika avait beau tendre l'oreille, elle n'entendait rien. Seulement les craquements de la carriole qui s'affaissait de plus en plus sous le poids de tout ce tas de choses.

— Je ne partirai pas sans lui ! cria-t-elle.

Englo, encore allongé dans son lit et croyant qu'on parlait de lui, se leva d'un bond. En cinq secondes, il fut habillé, peigné, coiffé, prêt à voir le monde. Léger comme jamais, il vola jusqu'à la cour.

— Tu n'as pas vu mon accordéon, Englo ? demanda Paprika.

— Il est sous l'escalier, chanta l'enfant.

— Mais qu'est-ce que tu fais là, déjà debout ?

— Eh ben, je viens avec vous à la foire !

— Englo, on en a déjà parlé. Tu ne peux pas venir avec…

— Mais c'est toi qui l'as dit. Je t'ai entendue, tout à l'heure. Tu voulais que je vienne. Tu…

Englo sentit une main dans la sienne. Adrienne. La fillette aux pois toujours là pour lui. À ses côtés, pour le réconforter. Englo se tut et se résigna. Ils avaient toujours une bonne excuse. Trop loin. Trop bruyant. Besoin de toi pour garder le camp. Pas intéressant. Mais la raison pour laquelle ils l'empêchaient de partir, la véritable, était qu'ils ne voulaient pas l'exposer au reste de l'univers, ils voulaient le garder sous leur cloche de verre, de peur qu'il ne disparaisse. Et puis là-bas, à la ville, ils pourraient croiser Peshan.

Sidi arriva à ce moment-là et vit Englo avec des larmes dans les yeux. Adrienne le tirait par le bras et essayait de le distraire. Mais l'enfant avait de la peine au coin des lèvres et il fallait quelque chose de puissant pour la faire disparaître.

— Les cartes ! annonça Sidi au garçon.

Dans sa belle robe pourpre, la gitane tourna sur elle-même puis dégaina son jeu de tarot. Elle sortit le paquet puis l'ouvrit comme on ouvre un éventail. Elle joua à s'éventer quelques secondes puis envoya un clin d'œil au gamin.

— Tu veux jouer ?

— Je sais pas la règle.

— Il n'y a pas de règle. Tu te concentres et tu m'ouvres ton âme.

Englo ne comprit pas mais il acquiesça. Sidi demanda au garçon de couper le jeu, rassembla les cartes, les mélangea, les rassembla, les mélangea. Puis, elle s'agenouilla près d'Englo, défit le foulard qui retenait ses cheveux, l'étendit par terre et lui fit choisir trois cartes qu'elle posa sur le tissu face cachée. Sidi les retourna une par une. À la première, elle ne dit rien. Il y avait du rouge et des carreaux. À la deuxième, elle sourit. Du noir et une tête de femme. À la troisième, elle fronça les sourcils. Du noir et une tête de femme différente.

— Alors ? demanda Adrienne curieuse.

— Alors… je recommence, bafouilla Sidi. Je n'étais pas assez concentrée et les cartes se sont embrouillées.

Sidi mélangea, redistribua, fit piocher Englo et découvrit une nouvelle fois les cartes. Les mêmes cartes. Sidi observa Englo d'un air inquiet. Englo observa Sidi d'un air inquiet. Adrienne coupa court à leurs regards inquiets.

— Alors ?

— Rien ! trancha Sidi. Rien du tout. Ce tirage ne veut rien dire. Il y a le carreau là, suivi de la reine puis…

— Ça veut dire quoi ? demanda Englo.

— Ça ne veut rien dire du tout. Enfin si ! Ça veut dire que je ne suis plus cartomancienne. C'est la faute à ce mariage ! s'emballa Sidi qui ne supportait plus d'être emprisonnée la nuit dans le lit de son mari.

Englo l'écoutait, désemparé.

— Je fane là-bas. Y a même pas d'eau. Même pas une petite rivière. Alors, comment tu veux que je lise les cartes ? Je n'ai plus la force. Il faut…

Englo ne l'écoutait plus. La distraction n'en était plus une. Les cartes déraillaient. Peut-être que c'était sa faute à lui ? Peut-être que les cartes ne voulaient pas lui parler ?

Sidi partit en marmonnant. La troupe la suivit en chantant. Et les gamins restèrent plantés au milieu de la cour vide comme deux arbustes fragiles, prêts à plier au moindre coup de vent. Mais le ciel resta clément et les enfants purent conserver leurs racines. Aussi fines soient-elles.

Adrienne proposa de nombreux jeux à Englo mais il déclina toutes les propositions. Pas envie de s'amuser. Rester là sans bouger. Et observer la roulotte, le trapèze, le jardin, la maison, les fenêtres pour essayer de trouver. Trouver ce qui clochait. Mais tout était normal. Même les trois couleuvres pendues par la queue à la poutre du porche semblaient être chez elles. Adrienne essaya les marionnettes pour le distraire. Une cupule de gland coiffant chaque doigt, elle agita les mains et les fit parler avec un drôle d'accent.

Mais Englo ne réagit pas. Il ne la voyait pas. Adrienne, agacée par ce copain fantôme, finit par employer les grands moyens.

— On monte en haut et on va voir qui c'est qui met la musique dans la chambre interdite.

Englo sursauta, dévisagea Adrienne avec ses yeux noirs et lui tourna le dos. Il aurait voulu lui dire oui, allons-y, allons voir ce qui se cache derrière tout ça et résoudre tous les mystères. Les réponses à ses questions, il les attendait depuis si longtemps. Mais non, il ne pouvait pas. Au fond de lui, tapie derrière son tendre squelette, quelque part dans les nœuds de ses tripes, une chose l'en empêchait. Une peur, un souvenir, un rêve ? Une seule certitude, il ne fallait pas chercher à tout comprendre. Il savait qu'après cela, rien ne serait plus pareil.

Adrienne observait son ami qui boudait. Son dos courbé, ses épis sombres qui dépassaient de sa casquette, ses joues pâles, ses pieds en dedans, son air inquiet. La poupée blonde l'aimait bien. Il ressemblait à une figurine désarticulée qu'il fallait placer, guider, recoller et Adrienne avec ses boucles d'or et ses billes vertes était une bonne accompagnatrice.

— Quand je serai grande, je serai infirmière. Parce que j'en ai marre du rouge et des pois. Je serai tout en blanc. Ce sera magnifique.

Englo l'écouta, essaya d'avaler sa salive malgré la boule qui lui nouait le gosier puis, toujours de dos, répondit :

— T'as qu'à devenir une mariée. Comme ça, tu seras toute blanche. Et puis, t'auras pas le sang et les pansements.

Le bonhomme marqua une pause. Il se tourna vers elle. Il se racla la gorge cette fois, pour essayer d'expulser la masse pleine d'angoisse qui l'empêchait de déglutir normalement, se débarrassa d'une toute petite partie et continua :

— Si tu veux, tu peux… te marier avec moi.

Adrienne sentit son âme bondir. Une grande traîne blanche et un tout petit costume. C'était tellement beau mais en même temps, tellement ridicule. La fillette flamenco pensa un grand oui et répondit :

— Non.

Puis rectifia :

— Non merci.

Il fallait être poli lorsqu'on broyait le cœur d'un ami. C'est sa mère qui lui avait appris. Englo bégaya quelques silences puis souffla :

— Mais pourquoi ?

— Parce que tu seras jamais grand. Et puis, j'aime bien le rouge du sang.

Englo, vexé, se retourna. Il avait bien vu qu'elle faisait une tête de plus que lui, que ses seins commençaient déjà à pointer, qu'elle était plus âgée, mais pour lui, cela n'avait aucune importance. Quand ils seraient des adultes, on ne verrait plus la différence. Une larme coula le long de son nez qui se mit à renifler. Adrienne lui prit la main et murmura à son oreille :

— Mais si t'avais pu grandir, je t'aurais épousé.

Englo serra ses petits doigts dans les siens. Un jour, quand il aurait des poils sur le ventre, il lui offrirait une robe de princesse. En attendant, il était près d'elle et cela lui suffisait.

Assis dans la poussière, les deux enfants se turent. Un blaireau grattait à la porte de la cuisine et ils ne voulaient pas le faire fuir. Tous deux ayant une terrible envie de l'attraper et de le faire frire.

À la ville, au même moment, au milieu de la foire pleine de cacahuètes grillées, de bêtes saucissonnées, de courges multicolores, de fromages de biquette, de toiles cirées, de fleurs sans odeur, de vendeurs de Bible, de savons à la lavande, de marrons chauds, il y avait Azlan et Ilmiya. Bercé par l'accordéon de Paprika et la scie mélancolique de Pepindorio, le couple s'entrelaçait devant les badauds. Triceps contre biceps, poitrine contre torse, peau à peau, dans la sueur de l'effort, l'homme et sa femme effectuaient d'incroyables figures. D'une sensualité telle que certaines grands-mères détournaient le regard tant elles avaient l'impression de violer le secret charnel. Pourtant, il n'y avait ni sexe dressé ni vulve moite, juste deux silhouettes magnifiques s'entortillant dans les airs. Ilmiya, qui ne savait pourtant pas sourire, sentait naître à la commissure de ses lèvres un rictus. Discret et généreux. Heureux. Heureuse. À cet instant précis, alors que ses pieds ne touchaient plus terre, que son corps se chargeait de quelques souvenirs, que la vie était ainsi suspendue, Ilmiya était heureuse. Quelques secondes formant une minute. Azlan ne l'avait pas brisée. Elle volait au-dessus de lui et elle aurait aimé ne jamais redescendre. Mais ses pieds finirent par toucher le sol. L'esquisse de sourire disparut et, au moment du salut, la main d'Azlan écrasa la sienne. Le show était terminé.

23

Depuis la lettre de Peshan, tout le monde ne dormait plus que d'un œil. La fatigue et l'angoisse latente les rongeaient petit à petit. Voir Englo tous les matins les réjouissait mais la perspective de devoir le laisser repartir les anéantissait. Ils devraient pourtant s'y préparer. Englo allait repartir. Un jour. Il retournerait d'où il était venu et ne resterait qu'un souvenir pour eux. Conscient de cette fatalité, chacun gérait à sa manière.

Passer le plus de temps avec le garçon, le toucher, le câliner, le renifler, afin de s'imprégner pour qu'à son départ, il en reste encore une trace.

L'observer des heures durant afin de dessiner le moindre contour et le garder gravé dans sa mémoire.

Le faire parler et chanter pour que sa petite voix se faufile puis se cache dans les pierres et les faïsses[1] afin que les jours sans lui on puisse, l'oreille contre le calcaire, entendre son souffle d'enfant.

1. Désignent des terrasses ou gradins de culture, bandes de terre soutenues par un mur en pierre sèche.

Le trimballer dans toute la bâtisse, le frotter au moindre recoin, qu'il se râpe et se pique, et laisse des bouts de lui un peu partout sur son chemin.

Le peindre encore et encore pour imbiber la toile de ses couleurs et garder pour toujours l'étoile dans sa pupille.

Il y avait de la discrétion, de la retenue dans leurs gestes, de la pudeur aussi pour certains. Azlan, par exemple, mourait d'envie de l'étreindre et de l'inhaler pour remplir ses poumons et contaminer son sang de cet être minuscule qu'il avait égoutté la première nuit, mais il ne pouvait pas. Son corps indomptable était trop sauvage pour un bonhomme si fragile. Qu'il brise sa femme était déjà une vilaine chose mais cet enfant, il ne voulait pas le toucher. Il ne voulait plus le frapper. La seule fois avait été la fois de trop.

Pepindorio, lui, se contentait de faire le pitre pour Englo. Le clown se désarticulait, se pendait la tête en bas, s'étirait comme un élastique, mettait les mains à la place des pieds, touchait son nez avec sa langue pour faire rire le gamin et photographier les sourires de l'ange brun. Il avait même fait l'idiot en se rasant et s'était coupé. Il faut dire qu'Englo l'avait désarçonné.

— Pourquoi tu fais ça ? avait demandé Englo.

— Eh bien, je me rase.

— Pourquoi ?

— Pour couper les poils et avoir la peau lisse.

— Pourquoi Luludji le fait pas ?

— Parce que c'est une femme et les femmes ne se rasent pas.

— C'est quoi ça ?

— Une lame.

— Et ça ?
— Un blaireau.
— J'aime pas les blaireaux.
— Pourquoi donc Englo ?
— Je sais pas.
— C'est pourtant tout doux…
— Oui, mais ça tue.
Et là, Pepindorio s'était coupé.

Englo se laissait donc porter par tout cet amour. Il avait tellement souffert à son arrivée qu'il était heureux de ne plus être confronté à leur rage et leur névrose. Même s'il savait, il le sentait, qu'elles n'étaient pas loin, juste là, tapies dans un coin, prêtes à bondir dès que le vent tournerait. Mais pour le moment, il fallait qu'il profite, que lui aussi s'imprègne d'eux avant de repartir. Seulement, quelque chose le tracassait. Une chose infime. Sans importance. Pourtant, cela lui fendait le cœur. Une ligne noire sur son organe rouge. Qui le tiraillait imperceptiblement. La crinière d'Ilmiya ne poussait plus. Elle n'avait pas le crâne chauve mais c'était comme si. Des milliers de petits cheveux criblaient son cuir mais ça n'avait l'air de rien. C'était pauvre et malade. Comme un matou sans poil. Englo n'arrivait pas à oublier sa chevelure noire et profonde qui dégringolait sur ses robes sombres. Des boucles d'ébène sur ses blouses noires. Ilmiya paraissait nue maintenant. Au début, Englo n'en faisait pas cas, il se disait que ses cheveux repousseraient, qu'il pourrait bientôt s'y réfugier, et il continuait de câliner celle qui dans ses rêves s'appelait maman. Mais maintenant, il ne pouvait plus. Depuis plusieurs jours, il la tenait à distance et évitait tout contact avec celle qui s'était rasé la tête. Ilmiya en souffrait même si elle restait murée dans son silence et se recroquevillait dans le linge des panières pour se cacher et étouffer ses cris. Englo l'entendait derrière l'étoffe mais il mettait ses mains sur ses oreilles pour que cet appel ne le griffe pas de l'intérieur. Il détournait aussi le regard et s'engouffrait dans le premier courant d'air venu.

Et puis un jour, Luludji donna le sein à Korian. Comme tous les jours, depuis des mois. Idem. Mais pour Englo, ce fut différent.

Luludji avait laissé Korian brailler quelques minutes, elle avait des mesures à effectuer. Entre la table et le fourneau. Entre la table et le vaisselier. Elle voulait tresser une natte pour le sol, elle en avait marre de la tommette, elle voulait de la paille pour ses pieds. Luludji finit par lâcher son mètre ruban. Englo était assis sur un tabouret près de la fenêtre, il regardait les oisillons tomber des branches. Luludji, sans faire exprès, se mit tout près, à même le sol, les jambes en tailleur sous sa large jupe jaune. Elle défit le nœud du foulard noué à son ventre, attrapa son fils par le côté, le posa sur ses cuisses. Elle eut tout juste le temps de dégrafer sa tunique, Korian avait déjà attrapé son sein et s'était mis à téter. Torse nu contre le mur de la cuisine, Luludji continuait d'étudier le sol qu'elle voulait habiller. Englo, tout près, au-dessus d'elle, avait lâché les oiseaux kamikazes pour la poitrine velue. L'odeur de l'épiderme pubescent, ses gouttes de sueur acide, sa couleur douteuse, ses poils indomptables avaient quelque chose de sublime. Une œuvre sans pareil qui méritait la plus grande des attentions. Contemplation. Englo cessa de respirer pour ne plus être distrait par le parfum entêtant et pouvoir se concentrer sur le téton brun. Il n'était pas rose. Ni rouge. Il était noir avec une large corolle autour. L'autre, son jumeau, se faisait sucer goulûment par le bébé impatient. Mais celui-ci, abandonné, négligé, était posé là, immobile. Englo l'observait et n'avait qu'une envie, venir le téter. S'approcher doucement, se frotter à la poitrine barbue, se laisser caresser par sa douceur, puis ouvrir naturellement la bouche pour venir envelopper le mamelon esseulé. Le réconforter pour se réconforter. Englo voulait rapetisser. Revenir en arrière et n'être plus qu'un bébé agrippé à un sein. Luludji comptait les tomettes, Korian tétouillait sa mère, Englo les enviait et Ilmiya passa par là. Il y eut comme une évidence. Une nécessité. Une chose que l'on fait sans réfléchir même si on doit le regretter après. Englo bondit de sa chaise, poussa Ilmiya qui dégringola par terre, la serra de toutes ses forces quelques secondes, releva la tête pour planter ses yeux dans les siens, lui offrit un sourire merveilleux, l'embrassa sur la joue puis sur la bouche et, dans un élan vital, sans expiration ni inspiration, dans le silence le plus total, il leva ses mains et les posa sur le crâne d'Ilmiya. Il ferma ses paupières et se mit à caresser ce cuir chevelu qui jusqu'ici lui faisait peur. Ce n'était pas un hérisson sous ses doigts, comme il l'imaginait. Ce n'était pas non plus un peigne acéré. Cela ressemblait plutôt à un casque doux. Du caramel mou. Des plumes. Un casque de plumes ! Englo avait besoin d'un câlin. Une étreinte énorme pour combler le vide qui se cachait derrière sa carcasse de gamin. Il lui fallait un shoot d'amour pour réchauffer son âme. Il faisait tellement froid à l'intérieur. Il avait les os qui claquaient et les dents qui allaient bientôt se déchausser. Il lui fallait de la chaleur. Des doigts de maman pour contenir ses angoisses d'enfant. Englo ne lâchait pas le crâne d'Ilmiya. Il était connecté à elle. Il y avait comme des éclairs qui venaient jusqu'à lui, percutant son cœur et lui redonnant la vie. Ilmiya avait posé ses lèvres sur le front du garçon et elle ne bougeait plus. Le nez dans sa tignasse mal peignée et les bras autour de son corps fragile. Ce fut un instant immobile. Sans minute qui passe. Un soupçon d'éternité pour une union sacrée. Celle d'une femme et d'un enfant. Qui aurait pu être celle d'une mère et de son fils, si la vie avait été autrement, si les fils ne s'étaient pas emmêlés, si on avait pu réécrire l'histoire avec des si. Mais cette étreinte puissante déplut aux cieux. Les ténèbres n'aimaient pas l'amour et n'allaient pas se laisser attendrir par de simples mortels. Un orage violent déchira le bleu du ciel. Un bruit de tonnerre dévastateur pour ôter les bébés de leur tétée. Pour que cela cesse. Un sursaut. Tout s'arrêta. Une cuisine. Korian sur les tomettes. Ilmiya et Luludji à genoux avec le mètre ruban. Englo sur son tabouret observant les oisillons disparaître dans le vent en frottant le châle d'Ilmiya sous ses narines électriques.

24

Un pion blanc avec des points noirs. Un autre pion blanc avec les mêmes points noirs. Collé. Et puis un autre répondant au dernier. Ainsi de suite pour entraîner une ribambelle. Rien de très compliqué. Un jeu d'enfant. Et pourtant…

— C'est pour les grands Englo. Dans quelques années, je t'apprendrai. Pour l'instant, tu peux regarder.

Englo, la mine boudeuse mais les yeux émerveillés, regardait donc, Mandino et Pepindorio, les frères jumeaux qui n'avaient pas le même museau, jouer aux dominos.

D'un côté, le dandy et son costume gris, avec ses bourrelets discrets qui l'enveloppaient, triturait son stylo banane pour apaiser son stress. Il ne voulait pas perdre. Ne pouvait pas. Ce n'était pas admissible pour quelqu'un comme lui. Pour un homme aussi cultivé. L'échec aux dominos ne pouvait être supporté. Il lui fallait donc gagner. Mais comme l'issue dépendait du dernier pion posé, il lui fallait attendre la fin de la partie. Et pour survivre à cette attente, il n'avait trouvé qu'un palliatif : triturer son stylo banane. Ce crayon qui, toujours, l'apaisait.

De l'autre côté de la table, le clown et ses lunettes bleues. Avec ses boucles blanches dégringolant sur ses joues creuses. Il avait l'air absent. Lui, jouait pour se distraire. Pour occuper sa tête et ne pas la laisser le torturer avec des images d'archives en noir et blanc. Des souvenirs plus noirs que blancs. De toute manière, pour Pepindorio tout était affaire de distraction. Il devait perpétuellement s'étirer, se suspendre, s'entortiller, se transformer, se désarticuler. Dès qu'il s'arrêtait, il s'effondrait et se ratatinait.

Lequel des deux était le plus fou ? Lequel portait le plus de souffrance ? C'était peut-être ce combat-là qu'ils menaient l'un contre l'autre, les dominos n'étant qu'un prétexte pour mesurer leur mal-être. Celui qui gagnait repartait avec le gros lot : la victoire. Qui l'espace d'un instant le redressait, le réconfortait, lui faisait dire que finalement, il y avait une justice. Mais cette victoire n'était qu'illusoire. Elle était même cruelle. D'abord pour celui qui perdait, qui n'aurait plus qu'un souhait : être six pieds sous terre. Mais aussi pour celui qui gagnait, qui au bout de quelques heures, voire quelques minutes, se rendrait compte de l'imposture. Cette victoire-là n'avait aucun sens. Elle n'était qu'une diversion de plus, un bout de coton pour tamponner la plaie mais qui, bientôt, serait trop imbibé de sang et de douleur et tomberait comme une vulgaire feuille morte laissant le pus se répandre et reprendre toute la place.

Il ne s'agissait que d'une simple partie de dominos et pourtant… Pourtant ces points noirs sur ces rectangles blancs étaient aussi puissants que des trous de balles perforant la peau diaphane d'un innocent. Ils avaient tous les deux besoin de gagner pour avoir un peu d'air en plus à inspirer. Toute la famille avait cette nécessité. Trouver chaque jour une raison, une excuse, une main, pour faire un pas de plus.

Englo, la tête posée sur le bois lisse, observait ces grands-oncles étranges. Jusque-là, il avait fait mine de ne rien voir, mais aujourd'hui, il ne pouvait faire autrement. Il faisait maintenant partie de cette tribu, il fallait qu'il découvre l'origine de leur misère. Qu'est-ce qui les grignotait ainsi ? Les rendait si gris ? Englo n'avait pas de plan précis et ne savait pas trop par où commencer. Alors faute de stratégie, il s'était mis à observer.

Englo observait donc.

Mandino frottant les bouts d'ivoire pour les rendre plus brillants et plus performants, passant ses doigts sur chacun des petits creux pour les dépoussiérer, rangeant dans un sens puis dans l'autre les pions en attente, les portant parfois à la bouche pour les gratifier d'un souffle bref et les programmer pour la chance.

Pepindorio, moins fétichiste, ne touchant les dominos que pour les placer, les ignorant le reste du temps, préférant faire craquer ses doigts, puis ses orteils sous la table, triturer les boutons de sa salopette, ou bien étirer ses jambes à l'horizontale pour ne pas laisser les fourmis attaquer ses guibolles.

De temps en temps, un dialogue sans queue ni tête venait interrompre les cérémonials de chacun. Un intermède pour stimuler les esprits et ne pas les laisser se perdre.

— La caillette n'est bonne qu'avec des blettes.

— Épinards.

— Blettes ou épinards, il faut choisir.

— Épinards.

— Pour moi, ce sera blettes. Il ne faut pas exagérer tout de même.

— Épinards.

— Oui, c'est bon, j'ai compris. À toi de jouer.

Et la partie reprenait. En silence, jusqu'à la prochaine remarque ou jusqu'au pion final. Celui qui devait départager le gagnant du perdant. Déterminer lequel serait le moins triste aujourd'hui et pourrait rester debout grâce aux artifices de la victoire. Et lequel devrait retourner se coucher pour mettre sa tête sous son oreiller et s'endormir faute de pouvoir mourir.

Englo commençait à s'ennuyer et à se décourager. L'observation de ces drôles d'oiseaux ne le mènerait nulle part. Il s'agissait juste d'un spectacle et le spectacle ne le distrayait plus. Le garçon descendit discrètement de son tabouret pour ne pas perturber la partie engagée. Il allait orienter son enquête d'une autre façon. Les souris empaillées et les cadres vides avaient quelque chose de mystérieux. Ces objets pourraient peut-être l'aider, lui donner une piste. Le garçon se posta près du fourneau. Son regard passa des souris aux cadres. Des cadres aux souris. Encore une fois.

Puis une fois encore. De l'un à l'autre. Jusqu'à la révélation. Au constat flagrant qui pouvait être posé même si pour l'instant, il n'avait aucun sens. Englo fit un pas en arrière et remarqua : les souris vides et desséchées avaient été remplies, les cadres pleins de photos avaient été vidés. Les vides avaient été remplis et les pleins vidés. Un indice supplémentaire qui ne voulait malheureusement rien dire. Seulement une nouvelle trace de la folie qui régnait ici. Englo sentit une larme perler au coin de son œil. Il la retint, renifla et releva la tête. Face à lui, l'espace d'une seconde, dans un des cadres vides, lui. Englo face à Englo. Révélation. Et si ces rectangles sans photographies étaient en fait des miroirs. Nouvelle supposition relançant l'enquête mais n'apportant toujours aucune explication au chaos ambiant. Englo, découragé, tourna le dos à ces objets peu explicites. C'était assez pour aujourd'hui. Assez d'informations dénuées de raison.

Englo s'apprêtait à sortir pour rejoindre Zorita qui triait les cèpes, mais la table l'en empêcha. Plus précisément, le bout de table à l'autre bout de la table immense. Colossal et figé, Azlan y était installé. Une statue de pierre recourbée sur le bois tendre. Toujours à la même place, avec le même air absent, avec le même poids sur les épaules. Face au même puzzle. Avec les mêmes flamants. Roses. Du rose piquant comme des orties. Avec des épines en plus pour que la piqûre soit profonde et qu'il n'y ait pas seulement des démangeaisons mais des gouttes de sang. Englo pouvait voir ces gouttes qui coulaient le long des tempes d'Azlan. Il aurait même pu les goûter pour les analyser et les ajouter comme pièces à conviction.

Mais Englo ne fit rien. Pétrifié devant cet homme qu'il commençait à aimer. Azlan, sa moustache fine surlignant sa mâchoire puissante, son tee-shirt auréolé de sueurs froides, ses épaules nues brillant à la lumière du néon, ses mains de géant recroquevillées autour de ses poignets, avait les yeux braqués sur la pièce qu'il restait à placer. Une seule pièce. La dernière. Un bout de cou volatil. D'un oiseau qui dort debout. Qui unifiait une tête et un corps. Leur permettait de vivre. Une seule pièce qui ne trouvait pas sa place. La seule place du puzzle encore disponible. L'évidence même. Azlan ne touchait pas l'ultime pièce. Il l'ignorait, préférant se concentrer sur le vide au milieu du puzzle. Le vide à remplir qui resterait vide. Englo le regardait. Il aurait voulu s'avancer et l'aider, se demander si le problème venait des flamants, du puzzle, du cou, du nombre de pièces, de la couleur des oiseaux, de leur nombre impair… Mais il resta là. Planté au milieu de cette pièce étrange, avec ces gens étranges, cette famille étrange qu'il voulait faire sienne. Car ce puzzle, comme beaucoup d'autres choses ici, avait un pouvoir puissant. Capable d'hypnose et révélateur de névrose. Il y avait un démon caché derrière tout cela. Mais l'enfant ne voulait pas découvrir ses cornes et sentir sa puanteur. Il préférait ne pas savoir et garder espoir. Englo les laissa. Il n'irait pas trier les cèpes. Parce que là-bas de nouveaux tours fous et grotesques viendraient le chercher. Et pour le moment, il n'était pas prêt. Il était fatigué. Il serait mieux couché. Il se coucha.

25

La nuit s'annonçait froide mais cela n'avait aucune importance. Ils prendraient le nécessaire pour ne pas attraper une pneumonie. Dans les paniers des châles, des couvertures épaisses, des litres de gnôle, des marrons encore tièdes, des chaussettes fourrées de lapin, des bonnets en poil de chat. Nanosh avait étalé une grande natte sur le sol. Entre le séquoia et le jardin de Luludji. Paprika avait préparé des beignets de fleurs d'acacia et des croquants aux amandes. Sidi les avait rejoints pour la soirée, prétextant un malade qu'il fallait veiller. Ils arrivèrent les uns après les autres. Ils s'allongèrent les uns après les autres. Englo, distant depuis quelque temps, arriva le dernier. Il n'avait pas suivi les dernières conversations et ne comprenait pas ce qu'ils faisaient tous étendus dans la cour. Mandino le plaça – car le chef d'orchestre aimait bien être maître de ses partitions – entre Azlan et Ilmiya. Azlan avait prévu de poser ses phalanges sur les cuisses d'Ilmiya. Il se contenterait de l'épaule fragile du gamin.

Englo prit sa place et attendit. Il était bien, au chaud, collé à Ilmiya et Azlan. Leur odeur commune le rassurait. Un mélange de cade, d'orange, de menthe et de citronnelle. Avec des touches de mûres. De mûres gâtées mais encore très bonnes à manger. Englo se dit qu'il avait eu tort de s'éloigner d'eux quelque temps. D'eux tous. De ces fous qui, finalement, savaient parler à son cœur. Dans sa chambre, tout seul, ses battements cardiaques avaient cessé. Comme anesthésiés par cette solitude froide. Mais là, près d'eux, serré, son sang se mettait à nouveau à circuler. Les pulsations revenaient, entraînées par le métronome de l'amour. Il y avait du rythme ici. Dans ces mains liées. Dans ce groupe. Qui ne trouvait l'harmonie qu'une fois tous les membres réunis. Si un manquait à l'appel, la musique commençait à dérailler. Pour n'être plus qu'une rhapsodie délirante lorsque chacun errait de son côté.

Englo se redressa et offrit son sourire à la nuit. Il venait de résoudre une des énigmes. Le mystère de la famille. Sa famille. Unie par un lien invisible et invincible qu'il ne fallait couper sous aucun prétexte. Sous peine d'apocalypse. Apocalypse étant un euphémisme.

— C'est quoi un euphémisme ? demanda Englo, comme si les mots transperçaient le papier pour aller de la plume au personnage, du réel à la fiction.

Mandino entendit sa question et répondit ainsi à la narration :

— Un euphémisme, Englo, c'est lorsqu'on adoucit une expression trop dure. Lorsqu'on atténue une réalité pour qu'elle fasse moins mal. En quelque sorte, on peut dire que tu es un euphémisme.

Englo le regarda interloqué. Mandino lui rendit son regard interloqué car il n'avait pas très bien compris lui-même le sens de sa dernière affirmation. Englo, un euphémisme, qu'avait-il voulu dire par là ? Aucune importance, Englo avait maintenant une certitude : le lien invisible et invincible des membres de sa tribu avait dû être coupé par le passé et les avait offerts à l'apocalypse. Qui les avait croqués, déchiquetés, digérés et régurgités, les rendant à la vie, bancals et gluants. Comme des nouveau-nés, à la différence qu'eux ne pourraient jamais apprendre à marcher. Survivant grâce à ce fil, maintenant visible et fragile, ils avaient quand même réussi à lui faire une petite place. Une place. Pour lui. L'enfant de la pluie.

Zorita coupa court à sa réflexion :

— Mandino, Englo, taisez-vous tous les deux ! On n'entend plus les étoiles chanter.

Les étoiles étaient donc la raison de tout cet étalage. Des étoiles qui chantent ? Englo ne posa pas la question et préféra se taire. De peur que la réponse entraîne d'autres questions.

Les regards s'offrirent au ciel. À ses milliards de paillettes. À ses points lumineux reliés entre eux. Inséparables. À leurs étincelles flamboyantes. Leur chaleur blanche sur le tableau noir était si belle. Sensuelle. Certaines étoiles semblaient clignoter. Racoleuses ? Ou tout simplement joueuses ?

— Ce n'est qu'une histoire de focale, expliqua Mandino qui ce soir préférait la place d'astronome à celle de poète. Votre œil fait sa mise au point et la pupille rétrécit. D'où cet effet d'optique qui vous fait penser que l'intensité du rayonnement varie.

Certains écoutèrent ses explications, d'autres pas, préférant la magie à la science. Pepindorio, lui, s'était placé au bout de la ribambelle, près de son séquoia, au-dessous de son trapèze qui se balançait imperceptiblement et qui, lui, faisait véritablement clignoter les étoiles. Luludji, Korian dormant sur son sein, demanda à Mandino de lui parler des constellations.

— Parle-moi des beaux dessins, avait-elle murmuré.

Mandino continua sa leçon et énuméra les merveilles célestes. La constellation du Dragon qui ressemblait à un cerf-volant. Celle de la Petite Ourse qu'on appelait Casserole. Et puis aussi celles du Lynx, de la Girafe, du Serpent. Et pour finir ses deux préférées, plus pour leur sémantique que pour leur forme géométrique : « La chevelure de Bérénice » et « La machine pneumatique ».

Il y avait du Satie dans ces appellations.

— Une étoile filante !

Paprika s'était relevée. Si heureuse d'avoir un vœu à formuler.

— Ce n'est pas vraiment une étoile, corrigea Mandino. Il s'agit plutôt d'un…

— Mandino, je t'en prie, tais-toi. Quelques minutes. Laisse-moi croire en cette étoile.

Mandino se tut. Mandino comprit. Mandino était d'accord pour croire en cette étoile. Un long silence s'installa. Une quiétude réparatrice avec la Voie lactée, aussi blanche que le lait de Luludji, comme voile protecteur. Luludji qui avait posé Korian sur le côté pour se rapprocher de Sidi et avait passé sa main sous sa jupe, mis ses doigts dans sa culotte, et l'avait caressée, discrètement. Gentiment. Pour faire du bien à sa cousine et se faire du bien à elle aussi. Sidi se laissa faire. Elle était heureuse que quelqu'un s'occupe enfin de son clitoris, Zirka n'ayant toujours pas compris à quoi ce bouton si bien placé pouvait servir. Érection, pénétration, pilon, éjaculation, telle était la mise en pratique de l'amour pour Zirka Boyash. Efficace pour le mâle, beaucoup moins pour la femelle. Un doigt sur son bouton-d'or donc. Pour un plaisir subtil et un orgasme étouffé dans les plis d'un foulard.

— À tes souhaits, lui souffla Nanosh réveillé par cet éternuement charnel.

— Les diamants sont éternels, chanta Ilmiya la chanteuse mélancolique.

Englo écouta cette voix maternelle parlant de la Voie lactée. Il se recroquevilla. Tout près. Sa menotte à lui sur son ventre à elle. Son ventre vide mais son ventre quand même. Qui était froid mais qui aurait pu être chaud si la vie lui avait offert une graine pour y planter un arbre et le remplir de racines. Mandino reprit ses fonctions et répondit à sa belle-sœur :

— Les étoiles ne sont malheureusement pas éternelles.

L'astronome leur expliqua que ces étoiles étaient peut-être déjà mortes mais qu'on ne le savait pas. Pas encore. Il leur parla de l'étoile polaire. Qui se trouvait à cent quarante parsecs de la terre, soit quatre mille deux cent soixante-quinze milliards de kilomètres, soit quatre cent trente et une années-lumière. Il fallait donc quatre cent trente et un ans à la lumière de cette étoile pour venir jusqu'à la terre. Il faudrait donc quatre cent trente et un ans entre la mort de cette étoile et l'extinction de sa lumière.

— Quelle belle illusion ! s'enthousiasma Pepindorio, heureux de voir qu'il y avait un peu de magie dans toute cette science.

Les étoiles filèrent et les astres dansèrent.

Juste avant l'aube, au moment où le noir quittait les ténèbres pour rejoindre les bleus et les roses du matin, une nuée de poissons volants prit son essor. Pour passer de la mer à la rivière.

— L'exode de l'exocet exogame. J'aurais pu dire l'exorde de l'exocet exogame, mais vous ne m'auriez pas compris, conclut l'astronome poète qui comblait les vides de son cœur par les pleins de sa tête.

Tout le monde admira la friture aérienne et personne ne releva les mots de Mandino.

Et Englo se rapprocha un peu plus d'Ilmiya, cette femme qu'il aurait voulu faire mère. Elle murmura :

— Ma belle étoile.

Une étoile. Un euphémisme. Englo. Lequel des trois au juste ? Le garçon ne savait plus très bien qui il était, ni ce qu'il était. Pour l'heure, il allait se contenter d'être un fœtus à l'air libre qui tète et qui respire.

26

C'était le milieu de l'hiver. Les jours étaient de plus en plus courts et les cauchemars de plus en plus longs. Englo se sentait fatigué. Comme un vieux qui dès le matin sent que ses pas seront moins nombreux que la veille et plus nombreux que le lendemain. Des distances qui diminuent, des essoufflements qui s'accentuent et puis cette terrible envie de retourner se coucher alors qu'on est à peine levé. Pour s'endormir. Encore. Pour toujours. Pourquoi pas pour toujours ? Cela changerait quoi finalement ? Presque rien. Mais ce « presque » était beaucoup et permettait à Englo de tenir le coup.

Englo avait décidé de taire sa lassitude. Il ne voulait pas faire de mal aux siens. Ils étaient tous déjà assez angoissés par le retour inexorable de Peshan. Curieusement Englo, lui, ne l'était plus. Peshan pouvait revenir, ça ne l'inquiétait pas. Au fond de lui, il savait qu'il ne repartirait pas avec elle. Il ne savait pas encore comment, ni pourquoi, il savait juste qu'il n'avait rien à craindre de Peshan. Elle ne viendrait pas pour l'enlever. Elle le laisserait parmi eux. Elle viendrait puis repartirait. Sans lui.

Pour l'heure, Englo avait d'autres préoccupations. Dénicher un remède à sa grande fatigue. Il s'approcha d'abord de Luludji pour trouver auprès d'elle le légume ou le fruit capable de démultiplier son énergie. Mais Luludji, qui ne jurait que par le fenouil, lui proposa du fenouil et Englo qui détestait le fenouil refusa le fenouil. Retour à la case départ. Rejouer. Avancer de deux jusqu'à la case Paprika. Une potion magique à base de baies de gogi et pissenlit. Pire que le fenouil. Mais avec beaucoup de miel, Englo réussit à le boire. Séché par cette boisson de sorcière, le gamin s'écroula dans le fauteuil de la cuisine et s'endormit. Pour ne se réveiller que cinq heures plus tard. Échec.

À ses côtés, la main posée sur le dossier, Adrienne l'observait. Englo voulut parler, lui dire qu'il souffrait, que quelque chose clochait, qu'il ne tiendrait pas longtemps dans cet état-là, qu'une angoisse s'entortillait douloureusement à ses entrailles, qu'il lui fallait de l'aide, mais Adrienne ne lui laissa pas le temps de dire quoi que ce soit. C'est elle qui prit la parole, répondant tout de même à ses plaintes muettes.

— Je crois qu'il te faut des réponses. Toi seul peux les trouver. Je peux juste te guider.

Englo acquiesça en silence et prit la main d'Adrienne. La poupée blonde à la robe flamenco le tira vers elle et l'invita à quitter la cuisine. Dans le hall, la voisine s'arrêta.

— N'aie pas peur. Fais-moi confiance.

Englo ne répondit rien. Et ce ne fut que lorsqu'elle l'entraîna à l'étage qu'il comprit le sens de sa phrase. Ne pas avoir peur, lui faire confiance. Englo répétait cela comme un mantra. Une prière pour bénéficier d'une protection. Le garçon, fébrile, montait l'escalier sans lever la tête de ses pieds. Ne pas regarder en haut. Ne pas voir le couloir sombre le happer.

Une fois à l'étage, ce fut un bain de lumière qui l'accueillit. Clair et chaleureux. Englo se détendit, Adrienne le sentit et, pour la première fois, se mit à sourire. Englo, rasséréné par cet éclat de joie, lui emboîta le pas jusqu'à la porte du fond. Instinctivement, il ferma les yeux et ouvrit les oreilles. La mélodie était toujours là. Identique. Sans voix, juste de la musique. Englo essaya de ne pas se laisser dévorer par ses notes. Ses jambes se mirent à trembler, ses dents à claquer, ses paupières à clignoter, mais le garçon resta immobile, fidèle à la confiance qu'il avait accordée à Adrienne. La fillette posa sa main sur la poignée. Englo voulut lui dire que la porte était fermée, qu'ils ne pourraient pas entrer mais il vit la clé qui brillait dans la serrure et sut que cette fois-ci, ce serait la fin. La fin du mirage. La fin d'un rêve qu'il s'était raconté. Que dans cette pièce se trouvait la réponse à toutes les questions.

Il y eut d'abord un grincement. Le grincement qui précède toute révélation. Celui qui braille et tétanise. Celui qui est toujours trop long et ne fait jamais court pour qu'il y ait un maximum de tension. Un grincement donc. Celui d'une porte ne servant plus, condamnée à l'immobilité. Puis des fils par centaines s'étirant dans l'embrasure comme un verrou supplémentaire au cas où le premier sauterait. Un souffle d'air vint les rompre et les rendre aux araignées qui s'échappaient de tous côtés. Englo sursauta. La voie était libre. Libre. La simple évocation de ce mot lui mit la chair de poule. Voulait-il seulement être libre ? Se défaire de cette prison étrange qui l'avait recueilli ? Cette geôle était maintenant sa maison. Son cocon. Pourquoi vouloir connaître la vérité et détruire tout ce qu'il avait si difficilement échafaudé ? Pourquoi laisser un autre prendre la place ?

Oui, un autre. Englo savait que derrière cette porte, se cachait l'autre. Celui qui était plus important que lui et le ferait disparaître en une seconde. Celui qui faisait tant de bruit la nuit et qui restait pourtant invisible. Celui qui sans être là, prenait toute la place. Toute la place. Englo avait du mal à respirer et commençait à suffoquer. Sa fatigue l'accablait, il perdait l'équilibre. Adrienne s'en rendit compte et le prit par le bras. Soutenu par son guide, Englo avança d'un pas. Un pas de trop. Englo eut juste le temps d'apercevoir un manège avec des chevaux de bois et il s'effondra. Un manège miniature avec des étalons rouges et des crinières d'or. Une vision insoutenable. Une gifle qui décapite. Adrienne s'affola. Son compagnon était à terre et il ne bougeait plus. Adrienne se trouvait face au couloir, dos à la pièce, la porte grande ouverte. Ses murs et son plafond s'offraient à elle. Avec tout le reste. Tout ce qu'ils renfermaient. Il suffisait qu'elle se retourne et qu'elle fasse un pas de plus pour démasquer l'intrus. Mais elle resta ainsi. Paralysée. Elle ne pouvait faire cela sans lui. C'était impossible. Elle avait tant besoin d'Englo. Il lui fallait sa main dans la sienne. Adrienne sentit les objets derrière elle la dévisager. Ils pesaient sur elle avec une telle vigueur qu'elle faillit tomber elle aussi. Consciente de leur puissance, Adrienne rassembla ce qui lui restait de force, tendit son bras en arrière, attrapa la poignée et se dépêcha de refermer cette chambre terrifiante. Car il s'agissait d'une chambre, elle avait aperçu le lit parfaitement bordé et moelleux. Mais n'avait vu personne. Juste la pointe d'une paire de souliers dépassant d'une armoire.

Adrienne hurla. Englo se réveilla. Adrienne courut. Englo aussi. Dévalant tous deux les marches jusqu'à la sortie.

— Je me sens pas très bien.

— Moi non plus.

— Je vais aller me coucher.

— Pas encore.

— Si.

— Non. J'ai quelque chose d'autre à te montrer.

— Non.

— Non merci.

— Quoi ?

— C'est comme ça qu'on dit : non merci.

— Non merci.

27

Le lendemain, Englo resta au lit. Dans la maison, personne ne s'en aperçut. Cela faisait plusieurs semaines qu'Englo faisait cela. Il apparaissait et disparaissait. Au début, tout le monde s'inquiétait et le cherchait. Chaque fois, ils le retrouvaient dans sa chambre. Sage et immobile. Rassurés de le savoir près d'eux, ils reprenaient leurs activités. Personne ne se préoccupait de son état puisque tout le monde était comme lui. Somnambule et dépressif. Un de plus pour agrandir la ronde.

En boule, agrippé à son traversin, le garçon attendait. Que les minutes passent, que les heures passent, que les jours passent. Attendait-il que Peshan arrive ? Peut-être. Peut-être que finalement, c'était ce qu'il voulait. Ici, il n'était plus à son aise, et puis les autres n'avaient plus besoin de lui. Ils avaient l'air mieux maintenant. Comme si une épine avait été enlevée. Les symptômes de chacun s'étaient atténués, les cheveux d'Ilmiya avaient repoussé et le puzzle des flamants avait été définitivement rangé. Il y avait aussi cette pièce là-haut. Où personne n'allait et qui pourtant vivait. Englo pouvait sentir son cœur battre dans les fissures des murs. Son tempo ricochait dans toute la maison et berçait sans distinction les hommes et les objets. Tout ici était dirigé par ce qu'il y avait là-haut. Là-haut se trouvait le maître, le chef d'orchestre, tout était mené par sa baguette invisible et dévastatrice. Que voulait-il ? Qu'attendait-il ? Qu'en sortirait-il ? Ils ne le voyaient donc pas les autres ? Ils étaient aveugles ou seulement aveuglés ?

Englo se tournait et se retournait. Il s'entortillait dans ses draps mouillés pour ne faire qu'un avec sa sueur et sa pisse. Ces odeurs-là, au moins, il les reconnaissait. Les identifiait. Pas besoin d'enquête pour se connecter à l'acidité de son urine. C'est facile et ça rassure. Même si ça pue.

— J'ai quelque chose d'autre à te montrer.

Adrienne était dans la chambre d'Englo.

— Viens.

— Non.

— Viens.

— Non merci.

— Viens.

Englo ne répondit pas. Il n'avait plus la force d'aligner les mots.

— Viens. Je t'emmène quelques minutes. Après tu pourras revenir ici, faire tes valises et partir. Pour toujours. Je te promets que plus personne ne viendra te chercher. Même pas ta mère.

Englo répondit en une phrase :

— Je n'ai pas de valise.

Englo se leva et reprit la main de sa voisine. Adrienne le mena dans le hall, puis dans la cour, puis derrière le poulailler, puis à l'arrière de la maison où il n'était jamais allé, jusqu'au champ de coquelicots. Toujours en fleurs. Quelle que soit la saison. Adrienne compta ses pas. De un jusqu'à quatre-vingt-trois. À quatre-vingt-trois mètres, elle stoppa. Englo stoppa.

Les deux gamins faisaient face à des pierres polies et sculptées. De l'ardoise fine. Instinctivement, Englo voulut donner un coup de pied à ces stèles si fières. Mais il était trop faible et ses chevilles trop fragiles pour encaisser un tel choc.

— Voilà, annonça Adrienne.

Voilà quoi, voulut répondre Englo. Ces vulgaires tas de pierres étaient censés tout arranger. Ils étaient sombres et froids. Marqués de signes incompréhensibles. Que voulait-elle qu'il fasse avec cela ?

— Voilà, répéta-t-elle comme pour s'en convaincre.

— Voilà quoi ? répondit Englo qui commençait à pleurer.

L'exaspération, la colère, le mépris, tout cela était des affaires de grandes personnes. Englo, du haut de ses six ans, ne pouvait faire qu'une seule chose : pleurer. À cause de ces mots qu'il ne comprenait pas, de cette mère qui l'avait mis au monde puis l'avait abandonné, de cette famille qui l'avait recueilli puis l'avait abandonné, de sa jeunesse qui lui avait permis de survivre jusque-là et qui maintenant l'abandonnait.

Adrienne sentit qu'Englo était épuisé et qu'il aurait besoin d'elle pour aller jusqu'au bout. Même si elle-même ne savait pas vraiment où elle le conduisait.

— Sous cette pierre repose Mano, le mari de Zorita. Sous celle-ci Yanna, la fille de Zorita, la sœur d'Azlan, Paprika, Pepindorio et Mandino, la mère de Peshan.

Adrienne se tut et s'agenouilla comme pour rendre hommage aux morts.

Englo la coupa dans sa prière :

— Et celle-ci ? demanda-t-il en désignant la dernière stèle qui était la plus belle.

— Je ne sais pas.

— Dis-le-moi.

— Je ne sais pas.

— Mais si tu sais ! Tu sais tout, tu dois me...

— Je pensais que tu pourrais m'aider, murmura Adrienne.

— T'aider ? mais c'est moi qui ai besoin d'aide ! se mit à crier Englo.

— Ne crie pas. On va y arriver.

— Je veux de l'aide ! Je veux de l'aide... répétait Englo qui avait de plus en plus mal.

— On va trouver ensemble, répondit la demoiselle qui commençait à perdre son sang-froid.

Elle se releva, s'approcha de la dernière tombe et se mit à lire une série de lettres :

— L. I. A. J. D. M.

Puis répéta :

— L. I. A. J. D. M.

— Mais qu'est-ce que tu racontes ? Explique-moi... supplia Englo.

Mais Adrienne devint sévère et répondit :

— Toi, explique-moi ! Qu'est-ce que tu es venu faire ici ? Pourquoi ta mère est pas encore venue te récupérer ? Pourquoi depuis que t'es arrivé, y a cette musique là-haut ? C'est toi qui caches quelqu'un dans cette chambre ! C'est toi !

Englo, effrayé, ne pouvait plus rien faire et la laissait le submerger de paroles assassines.

— Alors, continua-t-elle plus calmement, explique-moi. C'est quoi ces lettres ? Qu'est-ce qu'elles veulent dire ?

Et Adrienne se brisa elle aussi. En larmes. Et Englo répondit :

— Je… ne… sais.

Il n'y avait déjà plus le « pas ». Restait le « ne » qu'il fallait gommer. Bientôt. Très bientôt.

28

La nuit fut violente et brève. Secouée par des orages de décembre qui transformaient l'eau en pierre. Les grêlons claquaient sur la tôle du poulailler et finissaient par ricocher contre les vitres embuées. Englo avait veillé toute la nuit pour faire face à tous les démons qui encerclaient le lit. Il avait pu ainsi analyser une à une les heures depuis son arrivée. Les disséquer. Pour mettre les indices les uns à côté des autres et les assembler ou les rejeter. Il avait fait cela avec précision sans se soucier de son corps tremblant et avec passion comme pour conjurer un mauvais sort.

Au petit matin, la grêle avait cessé, laissant au soleil le soin de tout effacer. Englo s'était redressé, observant ses rayons qui s'étaient invités. Il leur offrit son plus beau sourire. Celui qu'on arbore les jours de victoire. Pas une simple victoire aux dominos, non, une véritable. Une qui transcende et ressuscite. Qui appelle à la vie.

Englo posa ses pieds sur le sol. Il n'avait plus mal mais il se sentait bizarre. Comme imbibé. Comme si l'eau de la nuit avait transpercé sa peau et ses os pour venir s'installer dans toute sa chair. Prenant la place du sang dans les artères, la place de l'urée, de la lymphe, de la moelle, des cellules, des organes. Prenant toute la place. Mais Englo n'était pas inquiet. La douleur s'en était allée.

Il s'habilla tranquillement. Il enfila sa tunique bleue, son pantalon de velours havane, ses chaussettes grises, ses souliers marron, et sa casquette avec des points et des taches. Des auréoles se dessinaient au contact de sa peau. Comme de la sueur en pire. Trempé et dégoulinant, Englo passa dans le couloir, rejoignit le hall puis entra dans la cuisine. Ils étaient tous là, assis autour de la table. Une miche croustillante trônait au milieu des abats grillés. C'était l'heure du déjeuner. L'assiette d'Englo n'était pas mise. Ils pensaient sûrement qu'aujourd'hui, il ne se réveillerait pas. À sa vue, Paprika se leva et le félicita. Elle était heureuse de voir qu'il allait mieux. Elle le prit dans ses bras et l'enveloppa. Pour Englo, tout devenait flou, comme une vapeur tropicale brouillant les couleurs et arrondissant les angles. Tout était soudain si doux. Englo savoura l'étreinte et se laissa emporter par une seconde. Puis une troisième. Ils le prirent tous, tour à tour, contre leur poitrine. Sur le sol, ça faisait des flaques, alors Zorita balançait de la sciure pour que personne ne glisse et se démolisse. Englo sentit toutes ces mains le palper, tous ces nez le renifler, toutes ces lèvres le mouiller. Que c'était bon. Que c'était bon de ne plus avoir mal. De se sentir libre. Entre deux enlacements, Englo aperçut son reflet dans un des nombreux cadres qui habitaient les murs. Ces miroirs lui donnaient bonne mine. Il n'avait d'ailleurs jamais eu aussi bonne mine. Une peau rose, des pupilles brillantes, une bouche écarlate.

De câlins en baisers, Englo se retrouva dans la cour. Seul. Quelques secondes, seul. Il murmura :

— De l'eau dans mon cœur.

Puis Adrienne arriva. Sa robe rouge était différente. Moins criblée de noir. Comme si elle avait perdu des pois.

— Je m'excuse Englo. Je ne voulais pas te…

Englo la coupa :

— Je t'en veux pas. Je te pardonne. Pour tout.

Adrienne le regardait d'un air étrange. Son ami était en nage. Combien de larmes avait-il pu verser ?

— Pour tout, répéta Englo d'une voix moins sereine.

Adrienne commença à s'inquiéter.

— Pour tout, dit-il d'un ton chevrotant.

Adrienne s'avança vers lui.

— Pour tout, bredouilla-t-il.

Vite.

— Pour tout.

Englo s'effondra sur elle. Il avait donné tout ce qu'il avait à donner, pris tout ce qu'il avait à prendre puis s'était écroulé. Là, sous le séquoia pourpre. Le petit garçon ressemblait maintenant à une poupée de chiffon qu'une gamine aurait noyée dans une bassine. Adrienne le secoua pour ne pas le laisser s'évanouir. Il fallait qu'il reste. Près d'elle. Dans cette cour. Sous cet arbre. Dans ses bras. Englo était toujours là, légèrement sonné, mais toujours là.

— Je sais, dit-il. Je sais tout. Maintenant, je vais mieux. Je me sens tout bizarre mais je vais mieux.

Je vais partir maintenant. Ils n'ont plus besoin de moi. C'est lui là-haut qui… Je vais plus revenir. C'est promis. Tout va bien, je vous laisse tranquille. Je…

— Non, Englo, t'en va pas. On a encore besoin de toi.

— Non.

— On…

— Non.

Englo marqua une pause puis reprit :

— Tu sais… j'ai peur, Adrienne. J'ai vraiment très peur.

— T'inquiète pas Englo, le rassura Adrienne qui soudain était inquiète, elle aussi.

— J'ai du mal à respirer.

— T'inquiète pas, ça va aller.

Englo était face à Adrienne, son regard offrant au sien le puzzle dans son ensemble. Avec une place pour chaque pièce. Avec chaque pièce à sa place.

— Non, gémit Adrienne. Non… Arrête Englo. Enlève toutes ces images.

— C'est la vérité, Adrienne.

Adrienne éclata en sanglots. Englo aussi.

— J'ai très peur, Adrienne.

— Moi aussi, Englo.

— Il faut que tu m'aides.

— Oui.

— Tu vas m'empailler.

— Non.

— Tu vas m'empailler pour que vous m'oubliiez pas. Adrienne sécha ses larmes, prit une grande inspiration et répondit à son ami :

— Englo, je ne vais pas t'empailler parce qu'on peut empailler les souris, les éléphants, les dinosaures, mais pas les petits garçons.

Elle releva un peu le menton, bomba ses poumons pour se donner plus de coffre et se mit à hurler :

— Pas les petits garçons, t'entends Englo ! Je vais pas t'empailler ! Et puis de toute façon, on va pas t'oublier ! On va pas t'oublier !

À son signal, le ciel invita la pluie. Liquide et humide, elle s'effondra sur le chemin entre la terre et la mer, sur le champ de tournesols, sur la maison en pierre, sur les coquelicots, sur la cour, sur la roulotte, sur le trapèze, sur les chevaux cramoisis, sur les citrouilles, sur les poulettes, sur les murets, sur la véranda, sur les tuiles. Sur cette vie-là.

III

De l’eau dans mon cœur

29

De la poussière, au loin, derrière le champ de tournesols. Un nuage clair s'évaporant au-dessus du chemin entre la mer et la rivière. Personne ne le vit. Personne ne l'entendit. Chacun occupé à régler ses petites affaires. Une chaise à rempailler, un poulet à déplumer, une toile à vernir, une pomme de terre à déterrer, une plante à piler, un mur à monter, un sein à téter, un disque à écouter, une chanson à chanter.

De la poussière, plus près. Recouvrant le portail dégondé.

De la poussière, là, dans la cour.

Un nuage de particules sales opacifiant l'air, ternissant les couleurs et gommant les angles.

Une porte claqua. Un bruit sourd et métallique fracassa la quiétude ambiante. Chacun stoppa son action. Délaissant les outils pour rejoindre le centre de la cour.

Au milieu, à quelques centimètres du séquoia pourpre, une voiture. Quatre roues, trois portes, un volant, un pare-brise, une carrosserie usée. Verte. La portière conducteur s'ouvrit et libéra une conductrice.

La tribu réunie observa cette femme brune. Des cheveux épais noués en chignon, une robe de velours brique, un gros bracelet de bois, un brillant au creux de la narine, une cigarette entre l'index et le majeur. Une très belle femme.

L'étrangère s'avança vers eux, la tête baissée. Pour se cacher. Ou par peur de les regarder. Elle s'avança jusqu'à être tout près.

Le dialogue pouvait commencer. Nanosh prit la parole le premier :

— Bonjour madame. On peut vous aider ?

L'étrangère se dérida. L'homme charnu et barbu la fit rire.

— C'est moi qui vous amuse ? demanda Nanosh vexé.

L'étrangère prit enfin la parole :

— Eh bien Nanosh, tu as besoin de lunettes, maintenant. Ça fait dix ans mais quand même, je n'ai pas tellement changé.

Le dialogue se figea. La tribu se paralysa. C'était elle. Elle avait pris dix ans, elle n'avait pas les mêmes yeux qu'avant, mais c'était elle. Instinctivement, la tribu recula d'un pas. Formant un bloc solidaire. Un mur. Un rempart. Il ne fallait plus qu'elle avance. Il fallait qu'elle fasse demi-tour, remonte dans sa voiture et reparte. Loin. Très loin. Et ne revienne jamais. Mais Zorita fit un pas en avant. La doyenne savait que tout était écrit et qu'ils ne pourraient rien y faire.

Englo était son fils et il allait repartir avec elle. Zorita prit donc la parole :

— Bienvenue Peshan.

Ce prénom. Ce prénom eut l'effet d'une bombe. Le groupe se désolidarisa. Chacun de ses membres se ratatina. S'enveloppant sur lui-même pour mieux résister à l'envahisseur. Une carapace de survie. Ilmiya, qui était la plus faible, se cassa. Sa peau se fracassa et dévoila des fissures par milliers d'où suintaient des larmes et du sang.

— Mais que se passe-t-il ici ? demanda Peshan inquiète. C'est ma venue qui vous met dans cet état ?

Aucune réponse, alors Peshan continua de parler pour se donner une consistance :

— Je vous ai pourtant écrit une lettre, il y a plusieurs semaines pour vous annoncer mon arrivée. Je vous avais prévenus. J'ai quelques jours de retard mais de là à en faire toute une histoire. Et puis, vous auriez pu me répondre si ça vous posait un problème.

Toujours aucune réponse. Juste des êtres perdus qui lui faisaient face et qu'elle ne reconnaissait plus.

— Et puis arrêtez enfin, vous allez faire peur à mon garçon avec vos histoires ! Il est où d'ailleurs ?

Le temps s'arrêta. Azlan et les autres regardèrent autour d'eux espérant que le gamin resterait planqué. Qu'il ne se montrerait pas. Qu'il préférerait rester avec eux plutôt que partir avec elle. Une lueur d'espoir. Une seconde avant le dénouement. Un espace-temps infime où tout est encore possible. Et puis une petite voix qui vient tout détruire :

— Je suis là.

30

Il était là. Ils avaient tous gardé les yeux fermés pour se protéger encore un peu. Lorsqu'ils les rouvrirent, ils le virent. Lui. Ils virent celui qui sortait de la voiture.

— Je vous présente Yoshka, mon grand garçon. Ne vous inquiétez pas, comme je vous l'ai dit dans ma lettre, il n'a que neuf ans, mais c'est un bon travailleur. Il pourra vous aider. Et puis c'est l'affaire de quelques mois, le temps que je me fasse soigner.

En face d'elle, le néant. Rempli de centaines de questions sans réponse. Flottant. Impalpable. Les carapaces des forts étaient maintenant toutes molles et les failles des faibles s'étaient rassemblées en une seule crevasse. Zorita, plus sèche et moins atteinte que les autres, posa la question, celle qui appelait toutes les réponses :

— Ton fils ? Mais ton fils est avec nous. Qui est…

— Oui, maintenant, il va être avec vous.

— Non, il est déjà avec nous. Depuis plusieurs mois, il…

— Mais Zorita, qu'est-ce que tu racontes ? La vieillesse te gâte.

— Ton fils, il…

— Il est grand pour son âge, c'est vrai. Je crois qu'il tient…

— Ton fils, il…

— Mais qu'avez-vous à la fin ? Vous êtes tous si étranges.

— Ton fils, il…

— Quoi mon fils ? Vous voulez lui faire peur, c'est ça ! Qu'est-ce qu'il a qui vous dérange ? Il…

— Il est plus petit. C'est un petit garçon avec des épis noirs et des grands yeux sombres.

— Qui est plus petit ?

— Ton fils, Peshan, ton fils est plus petit.

— Mais… c'est quoi ces histoires ? Mon fils est là, devant toi. Il fait la taille qu'il fait et puis c'est tout.

Zorita continua de parler d'une voix monocorde. Elle était comme somnambule, hermétique à l'agacement de Peshan.

— Quand il est arrivé, on l'attendait pas si tôt. Et puis, c'est vrai qu'on le trouvait un peu petit. Mais on s'est dit qu'on avait mal compris.

— Mal compris quoi ?

— Azlan l'a réchauffé puis lui a donné des nouveaux habits. Il avait l'air si fragile. On lui a demandé comment il s'appelait, il ne se rappelait plus.

— Mais de qui tu parles ?

— Alors, on lui a trouvé un joli prénom. Englo. C'est joli, tu ne trouves pas ? Et maintenant, tu viens le chercher. Le reprendre. L'enlever. Englo va partir.

— Englo ? Mais qui est Englo ?

31

Englo.

Cinq lettres. Trois consonnes et deux voyelles. Qui, mises bout à bout, créent deux syllabes. Pour un prénom. Vide de sens.

C'est Ilmiya qui cria la première :

— Englo !

Paprika continua après elle :

— Où est Englo ?

Pour que la tribu reprenne en chœur :

— Englo !

Peshan et Yoshka restèrent seuls au milieu de la cour, collés à leur voiture verte. Englués.

Devant eux, la tribu venait d'éclater à la recherche d'un garçon qui s'appelait Englo.

Il y eut des cris, des portes que l'on claque, des meubles que l'on déplace, des murs que l'on gratte. Ils étaient tous absorbés par cette recherche et ne voyaient plus les visiteurs.

— Allons les aider, Yoshka. Tant qu'on n'aura pas trouvé ce garçon, ils ne nous entendront pas. Tu vas aller derrière les buissons, les gamins adorent jouer derrière les buissons. Je vais voir derrière la maison.

Après plusieurs heures, ils revinrent les uns après les autres s'asseoir autour de la table. Exténués. Peshan arriva à son tour. Essoufflée. De la fumée froide sortant de sa bouche chaude.

— Je n'ai vu personne. Yoshka y est encore. Il a de l'énergie, c'est un brave petit.

Toujours autant de silence face à elle. Peshan comprit qu'il leur fallait un peu de douceur.

— Je vais mettre de l'eau à chauffer. Un thé. Ça va vous faire du bien, un thé.

Elle attendit encore quelques instants puis essaya à nouveau :

— Ce garçon. Il vient d'où ?

— C'est Englo, répondit enfin Luludji.

— Oui, ça, j'ai compris mais d'où est-ce…

— Là, c'est Englo, reprit Luludji.

— Oui mais qui…

— Là ! insista Luludji en désignant les cadres tout autour d'eux.

Peshan lâcha son bol qui s'explosa sur les tomettes. Elle ne s'excusa pas. Ne s'en rendit même pas compte. Et se mit à bégayer :

— En… Englo. Là. Mais. Non. Que vous… arrive-t-il ? Vous êtes tous devenus fous ? Là. Sur ces photos. Partout. C'est… Djamil.

32

Djamil. DJAMIL.

D. J. A. M. I. L.

L. I. A. J. D. M.

Le prénom occupa tout l'espace. Il s'infiltra dans les moindres interstices. S'empara des pores, des coins et des recoins, des fentes, des craquelures, des trous, des vides. Pour tout remplir.

Plus personne n'osait bouger. Trop de choses à ce moment précis se bousculaient. Ça prenait trop de place, tout ça. C'était étouffant. Les points d'interrogation s'imprimaient à une vitesse folle. Les images se mélangeaient entre elles. Chacun déchirait des pans de souvenirs, pour les faire parler, pour les remettre dans l'ordre. Cette journée avant celle-là. Non, plutôt celle-ci. Et avant ça, il y avait quoi ? Du noir. Oui mais encore ? Avant cela ? Des matins identiques. Quoique. Légèrement différents. Oui, différents. Et lui, c'était qui ?

Ils étaient tous à leur place. Statufiés. Momifiés par l'incompréhension et l'angoisse. Chacun son bout de table, chacun son tabouret, chacun sa guerre à mener.

Peshan regardait ces photos dans les cadres, les mêmes que Zorita lui avait fait passer quelques années plus tôt. Celles de Djamil dans son costume vert pour l'anniversaire de ses cinq ans.

Peshan continuait de parler mais plus personne ne l'entendait. Elle était dépassée par tout cela. Elle était juste venue leur confier son fils. Elle était malade. Elle pensait juste le poser là et repartir s'occuper de ses poumons. Les brosser, les souffler, les réconforter pour les soigner. Puis elle serait revenue le chercher. Elle avait juste la force de faire cela. Rien de plus. Elle était déjà à bout. Elle ne pourrait pas tous les porter. Elle ne pourrait pas. Elle sentit ses jambes flageoler. Puis une petite main vint prendre sa main. Des doigts d'enfant fins et en même temps boudinés. Peshan ferma vite les yeux. Cet enfant ne pouvait pas être là. Cet Englo n'existait pas. Il avait juste pris la place de Djamil. Il n'était qu'une ruse, un usurpateur. Cet Englo ne pouvait pas être là. Peshan sentit la main du môme se contracter. Elle sursauta mais garda ses paupières closes. Cet Englo n'était pas réel.

— Je peux t'aider.

C'était la voix de l'enfant. Aiguë et fluette. Peshan se libéra de sa main, bloqua sa respiration, avança d'un bond et se retourna.

Face à elle, une poupée blonde dans une robe rouge.

— Je peux t'aider, reprit la fillette.

— Mais qui es-tu ?

— Je suis Adrienne, la voisine. Viens. Viens avec moi.

Peshan, déboussolée, suivit la demoiselle. Elles quittèrent la cuisine et ses personnages de cire pour le hall.

— Écoute.

Peshan tendit l'oreille et perçut une mélodie lointaine.

— C'est là qu'on va.

Peshan, muette, suivit son guide. Les marches. Le couloir. La porte au fond du couloir.

— C'est ici.

La porte s'ouvrit sur une chambre d'enfant. Une pièce claire et lumineuse avec des voiles poussin pour filtrer le soleil. Sur les murs, une tapisserie légèrement moisie avec des tournesols et des coquelicots. Il y avait un bureau devant la grande fenêtre. Avec un banc minuscule. Dans le coin de la tablette, une boîte à musique avec des chevaux rouge et or. C'est elle qui habillait de notes cette étrange journée. À côté du bureau, un lit d'enfant. Avec une dizaine de peluches sous plastique. Pour ne pas qu'elles prennent la poussière. Un ours immense d'abord. De la taille d'un oreiller. Et puis un éléphant, un chat bleu, une souris verte, un poulpe, deux girafes, un cheval, un blaireau, un lion, une chatte zébrée. Au-dessus du lit, suspendu au plafond, un mobile avec des poissons volants. Il n'y avait pas d'air et pourtant les exocets bougeaient, portés par un souffle invisible. Au pied du lit, sur un tapis carré, un train électrique qui tournait en rond. Avec des lumières qui clignotaient et une locomotive qui faisait semblant de faire de la fumée. Tout était à sa place. Parfaitement rangé. Parfaitement vivant. Il ne manquait plus que l'enfant.

Peshan ne disait toujours rien. Adrienne prit quelques objets et demanda à Peshan de l'aider à les porter. Avant de quitter la pièce, la fillette prit soin de débrancher le train, de refermer la boîte à musique et de fermer la porte à clé. Ensemble, elles redescendirent les escaliers. Le hall puis la cuisine. Rien n'avait changé. Personne n'avait bougé. On aurait dit qu'ils attendaient. Qu'ils les attendaient.

Dans le silence, Peshan et Adrienne déposèrent leur trésor sur la table bancale.

Un stylo banane. Un puzzle avec des flamants roses. Une poupée espagnole avec une robe rouge à pois noirs. Quelques pinceaux sans poils, rasés de près par un gamin et ses ciseaux.

C'est Ilmiya qui se brisa la première. Elle hurla de toutes ses forces, pour se décoller les poumons, pour s'arracher la gorge, pour se faire mal. Elle hurla, pour que le monde entier l'entende, le prénom de ce garçon qui souriait dans les cadres et qui avait oublié de débrancher son petit train avant de partir :

— Djamil !

Et le jeu de cartes dégringola. Tout le monde à terre. Azlan s'empara du puzzle et le serra dans ses bras. Nanosh se jeta contre la poitrine tombante de Paprika. Pepindorio fouilla dans les tiroirs à la recherche de farine blanche pour se transformer en clown triste. Sidi prit la poupée espagnole dans ses mains et lui fit des tresses.

Mandino attrapa le stylo banane et courut jusqu'à la chambre d'Englo pour constater qu'elle était vide.

Rien. Pas une trace. Même plus d'odeur. Lorsqu'il revint, Luludji se balançait et répétait :

— Huit cent trente-quatre mètres.

Peshan n'en pouvait plus de toute cette folie.

— Huit cent trente-quatre mètres.

— Mais qu'est-ce que tu racontes Luludji ? Qu'est-ce qui vous prend ? Qu'est-ce que ça veut dire ?

C'est Adrienne qui répondit :

— Huit cent trente-quatre mètres, c'est la distance entre la maison et l'endroit où on a trouvé la dernière trace de Djamil. Luludji l'a mesurée huit cent trente-quatre fois puis s'est arrêtée. Puis ils se sont tous arrêtés.

— Quel âge as-tu Adrienne ?

— J'ai encore huit ans. Mais normalement, je devrais en avoir onze. J'ai arrêté de grandir, il y a trois ans.

— Tu étais une amie de Djamil ?

— Je *suis* une amie de Djamil, rectifia la fillette.

— Mais tu sais qu'il… qu'il est mort.

— Oui. Maintenant, je le sais.

— Et eux ?

— Je crois que ça y est. Ils sont prêts. Allez-y.

— Que je… Je… bégaya Peshan.

— Allez-y.

Peshan ferma les yeux et se redressa. Elle avait une annonce à faire. Elle avait quelque chose à dire. Elle n'avait jamais eu quelque chose d'aussi difficile à dire.

Peshan parla. Zorita, Nanosh, Paprika, Sidi, Luludji, Korian, Mandino, Pepindorio, Azlan, Ilmiya et Adrienne l'écoutèrent.

— Englo… Englo était un mulo[1]. Djamil est mort, il y a trois ans. Il est parti avec son vélo rouge et n'est jamais revenu. On n'a pas retrouvé son corps. Mais il est bien mort. Il ne reviendra pas. Ne l'attendez plus. Votre deuil est terminé.

Ilmiya hurla. Encore une fois. Pour que sa plainte transperce les ténèbres :

— Djamil est mort ! Mon fils est mort !

1. Signifie : qui est mort (participe passé du verbe merav, mourir). C'est l'âme d'un mort.

33

Une gifle violente les renversa tous. Un réveil agressif après un trop-plein de sommeil. Ils avaient été somnambules et maintenant, ils revenaient à eux. Choqués mais en même temps apaisés. Au fond d'eux-mêmes, ils connaissaient la vérité. Ils savaient tout. Chaque détail était en eux. Silencieux. Mais bien là. Ils avaient eu des lunes et des lunes pour s'imprégner de tout cela. Ils avaient pris des plumes pour se préparer au combat. Ils avaient préféré faire cela en douceur. Et aujourd'hui, il était temps pour eux de s'éveiller.

Djamil. Le fils d'Azlan et d'Ilmiya était mort. Djamil était Englo. L'ange venu les réconforter. Les préparer. Aux adieux. Englo avait été là pour sa mère. Mais pour les autres aussi.

Peshan resta plantée là quelques minutes puis sortit. Elle voulut appeler Yoshka pour lui dire que ce n'était plus la peine de chercher et se rappela qu'elle avait oublié une chose dans la voiture.

Dans la cuisine, personne ne bougea. Étrangement, la douleur de la gifle s'atténua. Rapidement. Pour laisser place à une certaine quiétude. Comme un soulagement. Dans les cadres, les sourires de Djamil retrouvaient leur place et cela avait quelque chose de rassurant. Les pouls ralentirent, les sueurs froides devinrent plus chaudes, les muscles se détendirent. Il n'y avait plus de larmes au coin des yeux mais des fossettes au bout des lèvres. Des fossettes de bonheur se rappelant des jours passés. De ce gamin qui sans cesse riait. De ses pitreries, de ses cheveux parfum pamplemousse, de ses marrons chauds qu'il préférait froid.

Et puis un coup de colère tout de même. Avec de la rage pour dénoncer ce carnage. Pepindorio leva le ton une fois :

— Je vous avais dit qu'il fallait tout brûler ! Toutes ses affaires ! On garde pas les affaires d'un mort, ça ne se fait pas ! On n'a jamais fait ça ! Comment vouliez-vous qu'il repose en paix ? En paix. En…

— Il n'était pas mort pour nous, le coupa tendrement Ilmiya. Nous n'étions pas prêts. Il n'était pas prêt. Si on avait tout brûlé, on n'aurait jamais pu lui faire nos adieux.

Pepindorio acquiesça en silence.

Peshan entra.

— J'ai appelé Yoshka. Il ne devrait pas tarder.

Peshan ôta sa longue écharpe et posa une bouteille sur la table.

— J'ai trouvé ça sur le chemin en venant ici.

Une bouteille comme une autre. En verre. Légèrement verte. De vase. Adrienne se précipita. Elle la voulait. Pour elle. Les autres la laissèrent faire, trop occupés à gérer les émotions multiples et contraires qui les assaillaient. Adrienne se mit dans un coin, dévissa le bouchon, tapota le cul du flacon et tira le papier. Une feuille blanche, des lettres et un dessin. Des traits de travers cherchant la perpendiculaire représentaient une grande maison avec de toutes petites fenêtres. Autour, des bonshommes avec des ronds et des barres. Avec des sourires et sans nez. Et puis au-dessus de tout, un soleil rouge. Au milieu. Comme une boule de feu. Et pour finir cinq lettres sur le côté du papier. L. I. A. J. D. M. Qu'on pouvait facilement remettre dans le bon ordre. Soulagée de retrouver ce beau dessin intact après toutes ces années, Adrienne reprit sa place au sein de la tribu et leur offrit ce nouveau trésor :

— C'est un dessin de Djamil. Il l'a fait le jour où il est parti. C'est moi qui lui ai donné l'idée de la bouteille. Je trouvais ça mystérieux. Et lui, il a eu l'idée de mélanger les lettres pour faire encore plus mystérieux. Il est parti avec cette bouteille le jour de l'accident. Il voulait la confier à la mer pour qu'elle vous la rapporte au bon moment. Et je crois que c'est aujourd'hui le bon moment.

34

J'avais six ans. J'aimais bien mon ours et mon train. J'aimais bien ma chambre. J'avais une chambre pour moi tout seul près de celle de maman et papa. J'avais même un train avec des rails qui le faisaient dérailler souvent. Un jour, j'ai fait un dessin avec ma maison et tous les gens que j'aime. J'ai voulu dessiner Pepindorio sur son trapèze mais c'était trop difficile alors je l'ai mis par terre avec les autres. J'ai fait un gros soleil au milieu, j'aime quand les soleils sont gros et au milieu, j'ai failli en mettre deux mais ma copine Adrienne m'a dit qu'un ça suffisait. Elle m'a donné une bouteille et m'a dit de le mettre dedans et de le donner à la mer pour que ça fasse plus mystérieux. J'ai pris mon vélo rouge et j'ai mis la bouteille dans le panier accroché à mon guidon. Je suis parti. Adrienne me disait des trucs mais je l'entendais plus. J'étais pressé d'envoyer mon message. Sur le chemin, elle remuait, la bouteille, y avait plein de cailloux, j'avais peur de la casser. Y a un petit animal qui est passé par là. Un blaireau. Le même que dans ma chambre mais en plus vivant. Il m'a fait rire, je l'ai suivi. Il s'est arrêté tout près de la maison. Juste à l'endroit où commençait la mer. À côté de moi, y avait un pêcheur bizarre. Il avait pas de canne, il avait pas d'œil et peut-être même pas d'oreille. Il ne m'entendait pas. Sûrement un gadjo alcoolique comme disait ma vieille Zorita. Le blaireau est reparti. J'ai posé mon vélo et je me suis mis à genoux près du bord. Il y avait un gros tas de sable, le vide puis la mer. Elle était tellement belle. J'ai pris ma bouteille et je l'ai frottée pour qu'elle brille. Et puis il y a eu un bruit de renard, ça m'a fait peur et j'ai glissé dans l'eau. Avec ma bouteille et mon dessin dedans. Après je me rappelle plus. Juste de l'eau dans mon cœur.

Maintenant que je suis revenu dire au revoir à maman, je peux partir. Je vais lui manquer. Elle va me manquer. Mais bientôt elle viendra me retrouver. Je lui demanderai des guili-guili dans le dos. Je sais pas très bien ce qui s'est passé. Mais je crois que c'était bien. Pour maman et pour les autres aussi. Et puis j'ai pu revoir Adrienne. Je ne lui en veux pas à Adrienne. C'est pas sa faute. Elle a pas fait exprès. Je crois que je vais arrêter de parler. Que je vais arrêter de respirer. Tous ces petits souffles dans mon corps, tous ces petits battements dans mon corps, toutes ces choses que je ressentais encore quand je suis revenu ici, tout ça, c'est fini. Je ne suis plus entre le jour et la nuit. Je suis maintenant réveillé. Ou endormi. Je ne sais pas trop en fait. Ce que je sais, c'est que maintenant, je respire plus du tout. Même pas quelques souffles pour faire des bulles avec du savon. Je suis un ange maintenant. Et les anges, ça parle pas. Ça mange pas. Ça pleure pas. Les anges, ça vole. Très haut dans le ciel. Près des étoiles. Je crois que je vais garder un souvenir. Juste de l'eau dans mon cœur.

35

Une fillette sur le chemin entre la rivière et la mer. Qui coupe ses boucles blondes et les offre au souffle du vent.

Une fillette sur le chemin entre la mer et la rivière. Qui pleure et demande pardon.

36

Adrienne l'avait regardé partir sur son vélo rouge. Regrettant de ne pas être à ses côtés, elle avait crié :

— Attends-moi ! Je viens avec toi !

Il ne l'avait pas attendue. Alors elle avait couru pour rattraper son compagnon. Son ami. Son frère. Elle avait dû enlever ses souliers qui lui faisaient mal puis avait repris sa course. Elle était arrivée juste derrière lui et avait voulu le taquiner comme ils faisaient toujours tous les deux. Cette fois-ci, elle avait choisi le bruit du renard. Elle avait donc fait le cri du renard. Elle avait glapi. Mais Djamil ne s'était pas retourné pour rire avec elle. Il avait glissé et s'était fait engloutir par les vagues. Adrienne s'était mise à hurler mais le seul homme qui pouvait l'aider était un pêcheur aveugle et sourd qui passait ses journées à humer les embruns lointains sans canne ni hameçon.

À la disparition de Djamil, Adrienne avait cessé de parler. Plus un mot pendant trois ans. Jusqu'à l'arrivée d'Englo. *« T'es pas mort ? »* avaient été ses premiers mots pour lui.

37

Yoshka :

— J'ai trouvé Englo. Il est caché derrière les roseaux. Il flotte. Il est beau. Il dort.

Un corps pour un deuil. Pour un enterrement. Pour une veillée. Pour dire au revoir à l'être aimé. Pour pouvoir continuer.

Sans lui.

Sans.

Lui.

D.J.A.M.I.L.

Anthony and the Johnsons
Hope there's someone

Hope there's someone
Who'll take care of me
When I die, will I go

Hope there's someone
Who'll set my heart free
Nice to hold when I'm tired

There's a ghost on the horizon
When I go to bed
How can I fall asleep at night
How will I rest my head

Oh I'm scared of the middle place
Between light and nowhere
I don't want to be the one
Left in there, left in there

There's a man on the horizon
Wish that I'd go to bed
If I fall to his feet tonight
Will allow rest my head

Anthony and the Johnsons
J'espère qu'il y a quelqu'un

J'espère qu'il y a quelqu'un
Qui prendra soin de moi
Quand je mourrai, si je meurs

J'espère qu'il y a quelqu'un
Qui libèrera mon cœur,
Agréable à porter quand je suis fatigué.

Il y a un fantôme à l'horizon
Quand je vais me coucher
Comment puis-je m'endormir la nuit ?
Comment ma tête va-t-elle se reposer ?

Oh, j'ai peur de cet endroit intermédiaire
Entre la lumière et le vide
Je ne veux pas être celui qui sera
Laissé là, laissé là.

Il y a un homme à l'horizon
Qui aimerait que j'aille me coucher.
Si je tombe à ses pieds ce soir,
Acceptera-t-il que ma tête se repose ?

PARCE QUE

Parce que mon père est un enfant abandonné,
Parce qu'en donnant la vie à mon fils
j'ai failli le perdre,
Parce qu'en moi coule du sang gitan,
Parce que j'ai cru mourir et laisser mon enfant,
Parce que ceux qui partent sont toujours
quelque part près de ceux qui restent.

LA MUSIQUE DES MOTS
Les mélodies ayant bercé l'écriture

MORIARTY
YANN TIERSEN
ANTHONY AND JOHNSONS
CAT POWER
PERFUME GENIUS
TONY GATLIF
KWOON
GUSTAVO SANTAOLALLA
CRAIG ARMSTRONG
JOSÉ GONZÁLEZ
ERIK SATIE

Composition et mise en pages
Nord Compo à Villeneuve-d'Ascq

Imprimé à Barcelone par:

CPI
BLACK PRINT

en décembre 2017

POCKET – 12, avenue d'Italie – 75627 Paris Cedex 13